Le Livre de Poche Jeunesse

Jenni Hendriks

Après des études de cinéma, Jenni Hendriks s'installe à Hollywood où elle devient scénariste.

Ted Caplan

Ted Caplan travaille dans l'industrie cinématographique depuis plus de vingt ans. Il a exercé ses talents en tant que monteur et superviseur musical. Il est également scénariste.

Jenni Hendriks & Ted Caplan

Unpregnant

Traduit de l'anglais (États-Unis)
par Sidonie Van den Dries

Pour nos enfants.

Ouvrage initialement publié par HarperTeen,
un département de Harper Collins Publishers
sous le titre : *Unpregnant*

Kilomètre 0

Assise sur la cuvette glaciale, dans le troisième cabinet des toilettes des filles, je serre désespérément les cuisses et me concentre pour ne pas faire pipi.

– Ronnie, tu as bientôt fini ? On va être en retard en cours, me signale Emily à travers la porte.

Non, je n'ai pas bientôt fini. Et je me fiche totalement d'arriver en retard.

– Euh... Ne m'attends pas. J'ai... un problème de fille.

Mais pas mes règles, non.

Je prie pour qu'elle n'insiste pas. Je n'aurais jamais dû boire ce deuxième verre de jus orange-mangue, ce matin. Maudit soit son irrésistible goût sirupeux.

Emily se décide enfin à partir. Un brouhaha de pas s'engouffre dans les toilettes quand elle ouvre la porte, le temps que le flot des lycéens rejoigne les salles de classe. Puis le silence retombe. Je tends l'oreille, au cas où une élève retardataire – ou pire, une prof – ferait irruption dans les w.c., mais je n'entends qu'un robinet qui goutte.

Tout le monde doit être en salle d'appel. Je pousse un soupir de soulagement. Et je manque de libérer un jet d'urine.

Il est temps de découvrir si mon cauchemar est terminé, ou s'il ne fait que commencer. Je fais lentement coulisser la fermeture éclair de mon sac à dos et je grimace quand le bruit se répercute sur les murs carrelés. J'ai beau être seule, je n'arrive pas à chasser l'impression que quelqu'un sait ce que je m'apprête à faire.

Tout au fond du sac, parmi les stylos et les morceaux de crayons, je trouve l'objet que j'y ai caché. Je me rassieds pour l'examiner. Il est plus lourd que dans mon souvenir.

J'ai lu le mode d'emploi hier soir et j'ai recommencé ce matin, au réveil. Je l'ai même relu une fois après le petit-déjeuner. Le réflexe de la bonne élève. Mais maintenant que je dois le mettre en pratique, la panique me noue la gorge. Et si je fais pipi à côté du bâtonnet ? Et si je me trompe ? Je n'en ai qu'un, je n'ai pas droit à l'erreur. Je prends une profonde inspiration. J'ai une moyenne de 18/20, je suis membre de la National Honor Society qui distingue les meilleurs élèves, et j'ai été admise à Brown University[1]. Je suis quand même capable de pisser sur un bâton.

Je déchire la feuille d'aluminium et je sors le test de grossesse de son emballage. Je fixe la petite fenêtre en

1. Université privée située à Providence, dans l'État du Rhode Island, qui fait partie de l'Ivy League (groupe d'universités les plus anciennes et les plus prestigieuses des États-Unis).

plastique qui va me révéler mon destin. En m'efforçant de ne pas penser à la suite, je glisse le truc entre mes jambes et je fais pipi dessus.

Je m'abandonne un court instant au plaisir de vider ma vessie, puis la panique me reprend. J'ai oublié une étape. Le mode d'emploi conseillait de faire d'abord quelques gouttes, et ensuite, seulement, de passer le bâtonnet sous le jet d'urine. Cela risque-t-il de fausser le résultat ? Je jette un coup d'œil au test pour vérifier si tout va bien. La mèche fibreuse est trempée et la petite fenêtre en plastique a pris une teinte gris clair. C'est normal, ou ça veut dire que j'ai tout raté ?

J'ai un coup au cœur en voyant une fine ligne rose apparaître dans la fenêtre. Puis je me souviens que le mode d'emploi parlait d'une ligne témoin. En cas de grossesse, il y a deux lignes. J'espère que ça signifie que le test fonctionne.

En prenant soin de le laisser le plus à plat possible – comme indiqué – je le retire d'entre mes jambes. Je dois attendre trois minutes avant de lire le résultat. Les trois minutes les plus longues de ma vie.

Je regarde partout, sauf la petite fenêtre. Comme je ne suis pas du genre à vérifier mon maquillage entre deux cours ou à fumer des substances illicites, je n'ai pas vraiment fréquenté les toilettes du lycée depuis quatre ans. Après quarante-cinq secondes à scruter les murs du cabinet, je constate que je n'ai rien perdu. La seule chose qui me distrait, c'est une caricature de notre proviseur et plusieurs avertissements terrifiants sur les MST des joueurs de l'équipe de football – rien de très étonnant. J'ose enfin regarder le test. Toujours une seule ligne.

L'espoir inonde ma poitrine. J'ai peut-être seulement un peu de retard. J'ai paniqué pour rien. Comme la fois où j'ai cru avoir raté l'épreuve d'anglais de mon examen d'entrée à la fac. Bien que je n'aie pas énoncé toutes les similitudes de thème entre *Les Grandes Espérances* de Dickens et *La Foire aux vanités* de Thackeray, j'ai quand même décroché un vingt.

Entre les admissions à la fac, le bal de fin d'année et les examens, j'ai vécu pas mal de stress ces derniers temps. Sans parler de ma candidature au titre de major de promo. Oui, c'est sûrement juste un retard...

Je cligne des yeux. Je rêve, ou je vois vraiment une seconde ligne apparaître ? Je me penche pour placer le bâtonnet dans un rai de lumière. Il faudrait que...

Soudain, une porte claque, et je sursaute violemment.

Au ralenti, je vois le test m'échapper des mains et rebondir sur le bout de mes doigts. Je plonge en avant, dans une tentative désespérée de le rattraper, mais mes mains se referment sur le vide. Le bâtonnet culbute, atterrit sur le carrelage dans un cliquetis sonore, glisse sous la porte du cabinet et dérape jusqu'au milieu de la salle.

OK, pas de panique. Peut-être que la personne qui vient d'entrer ne s'apercevra de rien. Peut-être qu'elle est aveugle. Et sourde. Peut-être qu'il va y avoir un tremblement de terre géant, que le lycée va s'écrouler et qu'on va tous mourir. Il y a forcément une faille sismique quelque part au Missouri.

Clomp. Clomp. Clomp. En jetant un coup d'œil sous la porte, je vois une paire de rangers noirs élimés s'approcher de l'endroit où le test a achevé sa course, en plein dans un rayon de soleil. Une main se tend. Des ongles rongés, un vernis vert, écaillé.

Qui est-ce ?

Qui tient désormais mon avenir imbibé d'urine dans sa main ? Par une fente dans la porte, j'aperçois un tee-shirt noir XXL. Un jean skinny trop petit, déchiré aux genoux. Des cheveux bruns avec des mèches turquoise, qui n'ont pas croisé une brosse depuis une éternité.

Non ! Les dieux ne peuvent pas être aussi cruels !

C'est Bailey Butler, alias la gothique du lycée Jefferson : un condensé de colère et de noirceur. La fille qui te répond par un doigt d'honneur quand tu la salues dans le couloir. Qui aboie sur quiconque ose s'approcher de sa table à la cafétéria. La rumeur court qu'elle s'est acheté un canif et a gravé sur le manche le nom du quarterback de l'équipe de foot, parce qu'il lui a fait une remarque désobligeante. Elle est maussade. Cynique. Infréquentable. Et pour info, c'était ma meilleure amie, au collège.

Bailey approche le test de son nez et le renifle.

– Mmh… encore frais, commente-t-elle.

Elle se baisse pour regarder sous les portes des cabinets et découvre mes Adidas Superstar blanches.

– Tiens… Je sens qu'on va bien s'amuser.

Je me demande si Bailey est encore capable d'identifier ma voix. On ne s'est pas parlé depuis presque quatre ans. Par précaution, j'adopte un timbre bas et rocailleux pour lui suggérer :

– Euh, si tu pouvais glisser ça là-dessous, ce serait top !

Je tends la main au ras du sol en priant pour qu'elle ait pitié de moi. Bailey pouffe.

– Bien tenté ! Mais je suis presque sûre que Batman ne peut pas être enceinte.

Par la fente, je la vois arpenter les toilettes, les mains dans le dos, les commissures des lèvres retroussées. Je connais ce sourire. C'est celui qu'arboraient les prêtres catholiques durant l'Inquisition espagnole.

– Chloé McCourt ? tente-t-elle.

Je me rassieds sur l'abattant sans piper mot. Pas question de participer à son petit jeu. Je préfère attendre qu'elle reparte, même si ça doit durer des heures.

Bailey plisse les yeux.

– Non. Calvin l'a larguée. Elle n'a pu se trouver un nouveau mec aussi vite, après avoir brûlé la tenue de foot du précédent au milieu de la cour. Même si elle a de gros seins. Hmmmm. Pas facile. Ella Tran ? Assez conne pour confondre des pastilles à la menthe avec sa pilule.

– Rends-moi ça !

J'ai voulu prendre un ton autoritaire, mais c'est un gémissement désespéré qui m'a échappé. Bailey louche sur mes chaussures.

– Bon, il y a toujours l'abonnée au Club du Pénis, Olivia Blume…

– Non ! j'explose, vexée.

– Ooh. On juge ses camarades, en plus ! Précieux indice. Voyons voir : qui a le plus gros complexe de supériorité du lycée ?

Bailey se tapote le menton.

– Faith Bidwell ?

Elle ne lâchera jamais l'affaire. Je dois absolument me sortir de ce pétrin avant que quelqu'un d'autre arrive. Je tente une diversion :

– Bien vu ! Mais ne le dis à personne, s'il te plaît. Maintenant, tu veux bien me rendre ce truc ?

J'attends, la main tendue.

Bailey s'approche. Je ne suis pas sûre de l'avoir convaincue, mais peut-être se lasse-t-elle déjà de son petit jeu. Une lueur d'espoir s'allume en moi.

Au lieu de se pencher pour me passer le test, elle bondit et s'agrippe à la porte.

– Oh mon Dieu ! s'exclame-t-elle.

Je pousse un cri de frayeur en voyant apparaître son visage hilare au-dessus de moi. J'essaie de la chasser d'un geste frénétique.

– Bailey ! Descends de là !

– Non, je rêve ! C'est trop beau ! exulte-t-elle.

Écarlate, je remonte à la hâte ma culotte et mon jean.

– Tu permets ?

Je la fusille du regard. Contre toute attente, Bailey se laisse glisser au sol sans insister. Je finis de me rhabiller et j'ouvre brusquement la porte.

– Veronica Clarke en chair et en os ! lâche-t-elle d'une voix traînante. Ne bouge pas. Je veux immortaliser ce moment.

Elle sort son téléphone de sa poche et le braque sur moi.

– Je t'interdis de…

Bailey prend la photo, puis la regarde en souriant avant de me la montrer.

– C'est exactement toi.

Elle m'a saisie la bouche ouverte, en pleine protestation. Je l'implore :

– Ne poste pas ça !

Il ne manquerait plus que je me fasse humilier sur les réseaux sociaux.

Bailey contemple l'écran avec un sourire béat pendant quelques secondes de plus, avant de rempocher son téléphone.

– Détends-toi. C'est un document trop précieux pour que je le partage.

– C'est bon, tu as fini ? Tu as eu ce que tu voulais. Tu m'as bien collé la honte. Tu as rendu ma journée encore plus pourrie qu'elle ne l'était déjà. Maintenant, s'il te plaît, tu veux bien me rendre ce test ?

Bailey regarde ma main tendue et hausse un sourcil.

– Tu portes toujours ta bague de virginité... C'est pour sauver les apparences, ou tu nous refais le coup de l'Immaculée Conception ?

Je retire brusquement la main, les joues en feu. J'aurais dû me douter que ce détail n'échapperait pas à Bailey. L'occasion de me torturer était trop belle.

– Waouh. Tu es vraiment un cliché intégral, commente-t-elle.

Je me défends en bredouillant :

– Pas du tout !

– Excuse-moi, mais une reine du bal, major de sa promo, hyper croyante, qui se retrouve en cloque, c'est tellement cliché !

– Premièrement, je ne suis pas encore major de la promo. Hannah Ballard a plus d'activités extrascolaires que moi, même si je suis meilleure en sport et si mon travail de bénévolat est censé jouer en ma faveur...

– Au secours, je vais vomir !

– Et je n'ai jamais été reine du bal. J'ai juste fait partie de la cour. Bref, tu te trompes sur toute la ligne, dis-je en guise de conclusion.

– C'est vrai ? Toutes mes excuses. Je rectifie : tu frôles seulement le cliché intégral.

– Je sais que c'est quasiment impossible, mais tu ne voudrais pas arrêter d'être garce une minute ?

Bailey me regarde, perplexe.

– Non. Pourquoi je ferais ça ?

Soudain, je sens quelque chose lâcher en moi. Après une semaine et demie d'inquiétude, après avoir piqué un test de grossesse à ma sœur aînée et m'être retenue de faire pipi pendant une éternité, je dois me coltiner le petit numéro de Bailey !

Sans prévenir, je lui fonce dessus. Bailey met le test hors de portée *in extremis* et recule de quelques pas.

– Du calme, ma grande. Tu ne le récupéreras pas tant que tu ne m'auras pas fait une promesse.

– Jamais de la vie !

J'ai à peine retrouvé mon équilibre que je me jette à nouveau sur elle. Elle recule contre les lavabos en se moquant de mes tentatives ratées. J'arrive enfin à lui attraper le bras, et j'essaie de l'obliger à lâcher le bâtonnet, quand je sens un objet froid et dur sur ma peau.

– J'ai dit du calme…

Je me fige, puis je tourne lentement la tête pour regarder notre reflet dans le miroir. Bailey appuie un truc en plastique noir contre mon cou. Je mets un petit moment à comprendre de quoi il s'agit. Jusque-là, je n'en avais vu que dans les séries policières.

C'est un Taser.

Elle a un putain de Taser !

– Oh mon Dieu ! Comment tu as fait pour introduire ça au lycée ? Tu aurais pu te faire exclure ! Moins d'un mois avant la remise des diplômes, tu es folle !

Bailey pouffe.

– C'est la première chose à laquelle tu penses quand on te menace avec un Taser ?

Je lâche son poignet. Elle baisse son arme et s'éloigne.

– Bon, où on en était ? Ah oui : la promesse. Je te rends le test si tu me jures un truc très important. Que ton partenaire de procréation n'est pas Kevin Decuziac.

J'étouffe un gémissement. Bailey sait très bien que je sors avec Kevin. Le lycée entier est au courant. C'est la star de l'équipe de foot. Il joue dans l'orchestre de notre église. Tout le monde l'adore, même mes parents. Il a des notes un peu moyennes, c'est vrai, mais son sens de l'humour compense largement. Et le plus important, c'est qu'il me vénère.

En voyant mon expression, elle plisse le nez, feignant l'horreur.

– Oh non. Beeeurk !

– Je ne sais pas pourquoi tu es surprise, je marmonne, sur la défensive.

– Moi non plus. À croire que je caresse toujours l'espoir que tu vas faire fonctionner ton cerveau d'intello et le larguer. Ou qu'il va mourir d'Ebola, ou je ne sais quoi…

Elle imite le bruit d'un chat qui s'étouffe avec une boule de poils.

– *Reurk ! Reurk ! Reurk !* Je n'en reviens pas que tu aies couché avec ce sportif décérébré et poisseux !

Elle se penche et fait à nouveau mine de s'étrangler. Absorbée par son cinéma, elle a machinalement posé le Taser au bord du lavabo. J'en profite pour le récupérer. Quelques hoquets plus tard, elle remarque la petite forme noire pointée sur elle. Ses yeux s'agrandissent légèrement et elle sourit.

– Ça alors… Je suis bluffée.

– Rends-moi le test.

J'essaie de prendre un ton menaçant.

– Vas-y, me provoque-t-elle.

– Quoi ?

Je baisse le Taser de quelques centimètres, confuse.

Bailey s'approche, totalement indifférente à l'arme non létale – mais probablement très douloureuse – pointée sur elle.

– Je ne l'ai jamais utilisé. Je veux savoir ce que ça fait.

Ma colère s'évanouit d'un coup. Bailey n'a pas changé. Elle est toujours capable de faire des trucs stupides, comme se laisser traverser par un courant électrique de plusieurs milliers de volts, juste pour pouvoir dire qu'elle a essayé. Et ça m'horripile toujours autant.

– Je me demande si je vais avoir de l'écume aux lèvres, ajoute-t-elle, pensive.

– Je ne vais pas te « taser ».

Bailey soupire, déçue.

– Je m'en doutais.

On se regarde fixement, sans trop savoir quoi faire.

– Allez, Bailey. On est amies.

Ce n'était pas la chose à dire. Un rictus tord ses lèvres et elle laisse échapper un petit ricanement.

– Vraiment ?

– Ben… euh…

– Est-ce qu'on est revenues au CM2 ?

Bailey écarquille les yeux, feignant la surprise. Puis elle regarde sa poitrine.

– Hmm. J'ai une belle paire de bonnets D, donc je ne crois pas.

Elle me toise d'un air mauvais.

– Ce qui veut dire… pas amies.

Convaincue qu'elle ne voudra jamais me rendre le test, je fais la seule chose qui me vient à l'esprit. Je prends le Taser, je le jette dans le lavabo et je pose une main sur le robinet. Une goutte d'eau éclabousse le plastique noir.

– Donne-moi ce test, ou ton Taser prend un bain.

L'expression de Bailey trahit son inquiétude. J'ouvre le robinet de quelques millimètres. Une autre goutte s'en échappe.

– Je suis quasiment sûre que ce truc n'est pas *waterproof*.

Elle avance machinalement d'un pas.

– Arrête ! Ma mère va me tuer. C'est son jouet préféré après son pistolet rose. Elle est à fond dans l'autodéfense, en ce moment.

Je tends la main avec un sourire et j'attends. Bailey soupire et me plaque le test dans la paume. Je suis tellement soulagée que mes genoux flanchent. Je fonce dans le cabinet le plus proche, je claque la porte et tire le loquet.

– Oh, allez ! me lance-t-elle. Je croyais que j'étais ta meilleure amie. Tu ne veux pas partager ce moment avec moi ?

Non. Je ne veux pas partager ce moment. Et si j'avais le choix, je ne voudrais carrément pas le vivre. Et je n'arrive pas à me décider à regarder ce fichu test.

Bailey entonne une vieille chanson de Hannah Montana. « *You're a true friend, you're here till the end*[1]. »

Je fais la sourde oreille, je prends une grande inspiration et je baisse les yeux. Deux petites lignes se côtoient dans la fenêtre.

Positif. Le test est positif.

Mon corps se refroidit brusquement. Ma vision se brouille. La chanson de Bailey n'est plus qu'un bourdonnement sourd. Deux grosses larmes éclaboussent le bâton de plastique. La chanson s'arrête. Alertée par un bruit sourd, je lève les yeux et je vois Bailey réapparaître au-dessus de la porte du cabinet. Je ne suis même pas gênée par les larmes et la morve qui coulent sur mon visage. C'est sans importance. Tout ce qui compte, ce sont ces lignes.

– Merde.

Il n'y a pas de joie dans son exclamation. Elle parvient même à avoir l'air un peu désolée pour moi. Allez savoir pourquoi, ça redouble mes larmes.

Quand je sors du cabinet quelques minutes plus tard, la figure marbrée de rouge, mais les yeux secs, je découvre avec surprise que Bailey m'attend. Perchée sur le bord du lavabo, elle balance ses rangers dans le vide.

---

1. «Tu es un véritable ami, tu es là jusqu'à la fin… »

– Désolée. Ça craint.

Je voudrais la regarder méchamment, mais je n'ose même pas croiser son regard.

– N'en parle à personne. S'il te plaît…

J'ai à peine murmuré tellement je me trouve pitoyable. Qui pourrait se retenir de colporter un tel ragot ? Je connais ma réputation. Élève brillante. Star de l'équipe de volley-ball. Capitaine de l'équipe de débat. Peau claire, jolis cheveux, mignon petit nez. L'élève « la plus populaire » et « la plus à même de réussir », comme ils disent. En d'autres termes, même si tout le monde fait semblant de m'aimer, la plupart de mes camarades sont pressés de me voir me planter. J'imagine déjà l'air suffisant d'Hannah Ballard quand elle apprendra qu'elle n'a plus de rivale pour devenir major de la promo. Car une fille enceinte est automatiquement disqualifiée, j'en suis presque sûre. C'est tellement injuste ! Comme si ça risquait d'influencer mes notes, et…

La voix de Bailey m'arrache à ma spirale de panique.

– Stop ! Je ne sais pas à quoi tu penses en ce moment, mais arrête tout de suite ! On dirait que tu es constipée. Je ne le dirai à personne.

– Pourquoi ?

J'ai posé la question machinalement. Bailey hausse les épaules.

– Parce qu'il n'y a que des connards dans ce bahut.

Bzzzz. Mon téléphone vibre dans mon sac à dos et mon estomac recommence à faire des nœuds. Je suis totalement à cran. Comme si un néon géant clignotait sur mon front : ENCEINTE. Chaque fois que je vois mon reflet quelque part, j'imagine ma silhouette dans quelques mois. Mon ventre dépassant au-dessus de mes orteils, mon nombril saillant sous mon tee-shirt. J'ai la nausée, mais je ne sais si c'est un symptôme précoce de la grossesse, ou l'effet de ma nervosité. Mais ce n'est pas le pire. Le pire, c'est la raison pour laquelle mon téléphone vibre. Le pire, c'est Kevin.

Je ne suis pas prête à lui dire ce qui m'arrive. Je me suis débrouillée pour l'éviter toute la journée. Par chance, on n'avait pas de cours ensemble. À l'heure du déjeuner, je suis allée me cacher dans la bibliothèque, un endroit où je suis quasiment sûre qu'il n'a jamais mis les pieds. Mais ça ne l'a pas empêché de m'envoyer des textos. Je sors mon portable.

Kevin : 😘 ⏰ 🏫 🚗 ?
Kevin : ❤️ ❤️ ❤️ ❤️
Kevin : ?
Kevin : ?
Kevin : 😬
Kevin : 🤤
Kevin : 💔

Je range le téléphone dans mon sac à dos avec un soupir. Je ne vais pas pouvoir éviter Kevin indéfiniment, mais qu'est-ce que je vais lui dire ? « Salut mon chéri, je sais qu'on a utilisé un préservatif à chaque fois – et quelquefois plusieurs –, mais j'ai quand même réussi à tomber enceinte. »

Le pire cauchemar des mecs de notre âge !

Heureusement, les cours sont terminés pour aujourd'hui. Mme Hennison sera là d'ici cinq minutes, et j'aurai un petit répit jusqu'à demain.

Je scrute le parking, prête à piquer un sprint vers sa Toyota Sienna cabossée, quand ma vision s'obscurcit soudain. Je pousse un cri de frayeur. Quelqu'un a plaqué ses mains devant mes yeux.

– Coucou ma chérie. Qui c'est ?

Décidément, c'est mon jour de chance.

– Salut Kevin.

Il retire les mains et me fait pivoter. Des yeux gris-bleu, des cheveux ébouriffés, naturellement ondulés, et un sourire à tomber. Le genre de sourire qui semble me dire : « je n'en reviens pas de ma chance » chaque fois qu'il me voit.

Il scrute mon visage, l'air inquiet.

– Je t'ai fait peur ?

– Non. Enfin si… Un peu.

Il s'approche de moi et me frotte les bras.

– Tout va bien ?

Il plonge ses yeux dans les miens. Je détourne le regard de peur de trahir mon secret.

– Tu n'as pas répondu à mes messages.

– Désolée. Je… euh… j'étais occupée.

Avant que Kevin puisse poursuivre son interrogatoire, un de ses copains lui donne une tape dans le dos.

– On se voit chez Conner ?

– Carrément !

Ils échangent un petit coup de coude, puis Kevin se tourne à nouveau vers moi.

– Je t'ai dit que Conner était accepté à l'Université de Floride ? Quinn va à Arizona State. Hudson s'engage dans les Marines… Tout le monde se barre, c'est flippant.

– Ouais, je sais. La terminale, c'est dingue.

Il baisse la tête, l'air contrarié.

– C'est pour remuer le couteau dans la plaie ?

Je cligne des yeux sans comprendre. Puis je me rappelle que je porte mon nouveau sweat à capuche à l'effigie de ma future université.

– Non. C'est mes parents qui me l'ont offert. Ils sont trop heureux, tu imagines…

Kevin joue un petit moment avec ma fermeture éclair, puis sourit.

– Tu peux toujours rater tes examens et venir à Missouri State avec moi.

C'est à mon tour d'être contrariée. On a déjà abordé le sujet des dizaines de fois. Je me tortille pour me dégager de son étreinte.

– On peut parler d'autre chose ?

Kevin fait une grimace et m'attire à nouveau dans ses bras.

– Allez, c'est bon. Je te taquine. Qu'est-ce qui te chiffonne ?

– Rien.

Je ne peux pas lui dire ça dans un parking, au milieu de nos camarades, avec M. Contreras qui fait la circulation devant l'entrée. Ce n'est ni le bon moment ni le bon endroit pour annoncer ce genre de nouvelle. En admettant qu'il existe un bon moment et un bon endroit…

– Sérieusement, je plaisantais. Je t'ai déjà dit que je viendrais te voir à Rhode Island tous les week-ends.

– Je sais.

– J'adore ma chérie sexy de l'Ivy League, ajoute-t-il avec un sourire joyeux.

Son charme est irrésistible. Mon cœur saigne. Dire que je vais tout gâcher…

– Moi aussi, je t'aime.

Ma voix me paraît plate, sans fougue.

– Tu es sûre ?

Kevin me regarde attentivement, l'air inquisiteur.

– Oui.

Je mets le plus de ferveur possible dans ce mot, en espérant qu'il s'en souviendra plus tard. Il sourit, content.

– C'est tout ce qui compte.

Je l'espère aussi. Mais j'en doute.

Il m'embrasse à nouveau. Seulement, quand ses lèvres rencontrent les miennes, je n'ai pas cette sensation habituelle de montagnes russes, d'un déferlement d'amour étourdissant. C'est juste un méli-mélo de lèvres, de dents et de langues. Je suis trop stressée. Chaque fois que je ferme les yeux, je vois deux petites lignes roses derrière mes paupières.

– Ronnie ! Arrête tes cochonneries et monte dans la voiture ! On t'attend ! me crie Emily.

Je m'arrache à l'étreinte de Kevin et je la rejoins en courant.

Assise sur la banquette arrière de la fourgonnette de Mme Hennison, je regarde défiler les magasins de bibelots et les fast-foods derrière la vitre sale. Emily, Jocelyn et Kaylee, mes meilleures amies depuis la troisième, sont toutes les trois au téléphone. On fréquente la même église, et Mme Hennison nous conduit au lycée depuis la deuxième semaine de troisième, après que Joey Mitchell a exhibé son pénis devant Jocelyn dans le bus. Joey a été envoyé illico à l'école militaire, mais le mal était fait. Nos parents ont décidé d'un commun accord que le covoiturage était la solution la plus sûre.

C'est ainsi que notre petit groupe s'est formé. J'ai mon permis de conduire, mais pas de voiture, et je pourrais compter sur les doigts d'une main le nombre de fois où mes parents ont bien voulu me prêter la leur. Avec les cours avancés, le décathlon, le club de débat et le journal du lycée, ce détail aurait pu suffire à saboter notre vie sociale. Heureusement, mon statut de petite amie de Kevin nous ouvre toutes les portes. On nous invite aux fêtes. Sans être les élèves les plus cool du lycée, on est connues de tous. Et aujourd'hui, on est toutes acceptées dans des facs prestigieuses, et ravies de quitter notre petite ville ennuyeuse. À condition qu'on réussisse nos examens. Et à condition que je...

J'évite de penser à ce que je vais devoir faire si je veux vraiment emménager dans un dortoir de la côte Est à l'automne.

Kaylee lève les yeux de son téléphone.

– Voilà, c'est réglé, annonce-t-elle. Mon père a accepté de déplacer sa partie de pêche.

Jocelyn lui décoche un sourire radieux.

– Et tu lui as fait quel numéro pour le convaincre ? Le chiot implorant ou les lèvres qui tremblent ?

– Je m'en suis tenue aux faits. Je lui ai rappelé qu'on squattait la cabane tous les ans à la même époque, que c'était la dernière fois qu'on pouvait le faire, et que ses poissons n'allaient pas se volatiliser. Et après, j'ai pleuré un peu.

Les filles éclatent de rire.

J'avais complètement oublié notre week-end. C'est une tradition : chaque année, avant les examens, on part dans la cabane du père de Kaylee pour réviser. Les premières fois, sa mère nous accompagnait, mais l'an dernier, nos parents nous ont laissées partir seules. Ceux de Jocelyn lui ont prêté leur voiture, ce qui n'était pas forcément une bonne idée. Elle ne sait pas rouler droit, et les virages à gauche la font stresser. Je ne sais pas par quel miracle on est arrivées vivantes. On a relu nos fiches, bu des litres de soda et regardé des comédies romantiques. C'était génial !

Emily me donne un petit coup de coude.

– Tu es sûre que ça va aller ?

Je la regarde, surprise. Comment est-elle au courant ? Ça se lit sur ma figure ?

– Deux nuits entières loin de Kevin, continue-t-elle.

Je me détends. Je suis la seule du groupe à avoir un petit ami et elles adorent me taquiner. Mais comme je suis aussi leur seule source directe d'information sur le sexe, elles prennent des pincettes.

– Tu peux toujours l'emmener, suggère Kaylee d'un air innocent.

– Ouais, qu'est-ce que tu penses du polyamour ? enchaîne Emily.

– Je suis sûre qu'il pourrait nous aider à nous détendre entre les séances de travail.

Jocelyn sourit et agite les sourcils de façon comique.

– LES FILLES ! nous réprimande Mme Hennison.

Mes amies éclatent de rire, jusqu'à ce qu'un coup de klaxon nous fasse sursauter. Je regarde par la fenêtre. C'est Bailey. Un bras à la fenêtre de sa Camry cabossée, le siège exagérément incliné, elle m'adresse un salut paresseux. Emily plisse le nez.

– Qu'est-ce qu'elle nous veut, la future hôtesse d'accueil ?

– Je ne quitterai pas la cabane avant de connaître par cœur toutes mes fiches de calcul intégral, déclare Kaylee en sortant son cahier de maths. Pas question de finir comme elle !

Jocelyn se tourne vers moi.

– Tu n'étais pas amie avec elle, au collège ?

Emily ouvre des yeux ronds.

– J'avais zappé ! Vous vous rappelez quand elle s'est fait arrêter pendant notre visite au musée Laura Ingalls Wilder, l'an dernier ?

– Il paraît qu'elle a gravé son nom sur un chariot, signale Kaylee.

– Non, elle a volé un bonnet, objecte Emily.

– On s'en fiche. Vous étiez amies, non ? insiste Jocelyn. Elle était à ta fête d'anniversaire en troisième.

Mes amies me regardent attentivement. Elles attendent une réponse.

– Ma mère m'avait obligée à l'inviter, mais on n'a jamais été proches. C'est une vraie psychopathe, dis-je en me frappant la tempe de l'index.

Les filles s'esclaffent et je regrette instantanément mes paroles. Je n'avais aucune raison de leur cacher la vérité. Elles ne m'auraient pas jugée. Qu'est-ce qui m'a pris de réagir ainsi ?

Dix minutes plus tard, je saute de la camionnette et je remonte l'allée défoncée qui mène chez moi. Mon père est déjà rentré. Sa Ford est garée devant la maison, avec son pare-chocs orné d'un autocollant : « Ma fille est élève d'honneur au lycée Jefferson ». J'ouvre doucement la porte pour éviter de la faire grincer, je traverse discrètement le hall et je monte l'escalier sur la pointe des pieds. Une fois dans ma chambre, j'allume mon ordinateur portable et je passe en revue tous les réseaux sociaux qui me viennent à l'esprit, à la recherche de Bailey. Mais c'est vraiment une rebelle : la seule chose que je trouve, c'est une vieille page Facebook avec une photo de profil où elle fait un doigt d'honneur. Je soupire. Le nœud d'angoisse qui me serre le ventre se détend un peu.

Les doigts tremblants, je tape les deux mots que je rumine depuis que j'ai vu les petites lignes roses.

Avortement.

Clinique.

Le soleil s'est couché et ma chambre n'est éclairée que par l'écran de l'ordinateur, qui baigne mes mains d'une lumière bleue sinistre. Je suis épuisée. Taper ces mots était le plus facile. Depuis, j'ai passé plusieurs heures à lire des informations périmées et à éplucher des sites mensongers avant d'obtenir ma réponse.

Il y a une clinique à deux heures d'ici. Je suis sauvée.

Je peux recommencer à faire des projets d'avenir. J'imagine ma rencontre avec ma future colocataire à Brown. Je me vois étudier à la bibliothèque, tard le soir. Discuter avec mes profs. Faire des stages. Je rêve déjà à la remise des diplômes. À ma carrière dans une grande ville. Je vivrai dans un loft en plein centre. J'aurai de jolies chaussures. Je donnerai des conférences dans des salles combles. J'irai prendre un verre après le travail. J'aurai mon propre compte Netflix…

Sauf que je n'ose pas toucher à mon téléphone, posé

près de moi. Je ne me suis pas encore décidée à composer le numéro. Que se passera-t-il si je n'appelle pas ?

Des pleurs dc bébé m'arrachent brusquement à mes pensées. Je sursaute et je repousse mon ordinateur.

– Ronnie, tu viens dîner ? crie ma mère. Ta sœur est là.

Je ferme l'ordinateur et je descends à la hâte. Je m'assieds à table à ma place habituelle, à côté de mon père, sous l'affiche qui demande à Dieu de « bénir ce bazar ».

Le coussin en Vichy qui tapisse la vieille chaise de chêne est taché, et si mince que j'ai l'impression d'être assise à même le bois. La salle à manger est imprégnée du fumet des milliers de ragoûts qu'on y a servis au fil des années. L'odeur de poulet et de fromage pourrait me réconforter un peu si le volume sonore de la pièce ne se situait pas entre le concert rock et le tarmac d'un aéroport.

Mon petit frère, Ethan, joue avec le téléphone de mon père, qui émet des bruits d'explosions. Ma nièce de cinq mois pleure pendant que Melissa, ma sœur, essaie de lui fourrer un biberon dans la bouche. À côté d'elle, mon neveu de deux ans lance par terre des biscuits apéro orange en forme de petits poissons en criant : « C'est Nemo ! C'est Nemo ! » Mon beau-frère poursuit leur fils aîné autour de la table en le suppliant de s'asseoir. Logan agite une espèce de robot qui clignote et fait des bruits de laser. Pendant ce temps, mon père sirote sa bière, imperturbable. Ma mère entre avec un sourire radieux en apportant un gratin de macaronis.

– On dit le bénédicité ?

Nous nous prenons par la main. Logan a fini par s'asseoir après que son père l'a menacé de lui confisquer « Mister Roboto ». Papa me prend la main. La sienne est grande, rêche, familière.

– Merci Seigneur pour ce repas..., commence ma mère.

– Logan ! Reviens ici ! hurle Melissa.

L'intéressé s'est faufilé sous la table et joue avec les lacets de mes chaussures.

– Et merci Seigneur d'avoir permis à notre fille Veronica d'être admise à Brown, continue maman comme si de rien n'était. C'est la première de notre famille qui va à l'université.

Mon père serre fort ma main. Nos yeux se croisent et il esquisse un petit sourire.

– Logan ! Je compte jusqu'à trois ! menace ma sœur. Un ! Deux !

Ma mère pousse un cri perçant et attrape sa jambe.

– Logan, on ne mord pas Mamie ! Ce n'est pas gentil.

– Donne-lui un coup de pied, suggère mon père tout bas, mais je suis la seule à l'entendre.

– Pete ! Tu veux bien t'en occuper ! lance sèchement Melissa en voyant la petite dernière se baver dessus.

Papa s'esclaffe et tousse pour dissimuler son hilarité.

– Amen, achève maman en plongeant une louche dans le plat. Qui je sers ?

Le reste du dîner se passe à peu près bien. Logan se contente de lancer quelques macaronis contre le mur.

Au moment où on attaque les glaces, ma sœur s'éclaircit la gorge.

– On a une nouvelle à vous annoncer.

Je l'interroge :

– Tu as décidé de passer ton diplôme d'infirmière ?

– Non ! pouffe-t-elle, avant d'ajouter, rayonnante : On attend un bébé !

Ma mère se lève d'un bond en poussant un cri de joie à déchirer les tympans. Mon père expire lentement et s'affaisse imperceptiblement sur sa chaise. Je vois son regard glisser vers ma main, comme pour vérifier que je porte toujours ma bague de virginité.

Puis il plaque un sourire sur son visage et parvient à lancer un chaleureux « Félicitations » à ma sœur.

Je tripote l'anneau à mon doigt, effleurant ses volutes et ses sillons familiers. C'était une idée de mon père, au départ. J'ai accepté avec enthousiasme, ravie de prêter serment devant toute l'église. Cette promesse de chasteté, qui ne voulait presque rien dire quand j'avais douze ans, m'a juste servi à lui montrer que je valais mieux que ma sœur. Je ne suis pas censée savoir, bien sûr, mais j'ai entendu les disputes. Notre maison n'est pas grande et les murs sont minces. Malgré ses allures de maman heureuse et dévouée, Melissa avait d'autres projets lorsqu'elle s'est retrouvée enceinte pour la première fois. Quand elle a fondu en larmes devant mes parents, ce soir-là, elle ne connaissait Pete que depuis quelques semaines, et elle commençait à peine ses études d'infirmière. Papa n'a pas crié. Il a laissé ce soin à ma mère. Non, mon père est resté calme, mais inflexible. Pour lui, ma sœur était devenue mère, et ses besoins passaient désormais après ceux de ses enfants. C'est ainsi qu'ils s'étaient comportés avec nous, maman et lui. Papa a contré tous les arguments de Melissa avec amour. Il l'a rassurée. Il lui a promis de l'aide. De l'argent. Du baby-sitting. Tout ce dont ils pourraient avoir besoin. Pour finir, il l'a suppliée, la voix pleine de larmes. À la fin de la semaine, ma sœur était fiancée et souriante, et elle avait oublié tout le reste. Comment nos rêves pourraient-ils faire le poids face à tant d'amour ?

Je sais que les miens n'y résisteraient pas.

Certes, mon père n'avait probablement pas prévu que ma sœur manquerait à ce point de talents éducatifs.

Je sens qu'on tire sur mon jean et je baisse les yeux. Logan est sous la table et me sourit, une petite carotte à moitié enfoncée dans le nez. Je recule ma chaise, qui racle le parquet, et je me lève.

– Excusez-moi.

Cinq minutes plus tard, je suis assise dans ma penderie, l'ordinateur sur les genoux, le téléphone à la main. Mes robes de soirée m'enveloppent comme un cocon. La dentelle me caresse les joues, le satin effleure mon bras. Elles sentent encore un peu le parfum et la laque. J'inspire longuement, dans l'espoir que l'odeur calme mon cœur tambourinant. Je n'ai plus qu'à espérer que le placard soit mieux insonorisé que ma chambre.

Je compose le numéro et je colle le téléphone contre mon oreille. L'appel atterrit sur un répondeur automatique. Ouf ! Avec un peu de chance, je n'aurai à parler à personne. Je sélectionne le chiffre qui m'intéresse et j'attends.

– Bonjour. Ici le Planning familial. Que puis-je faire pour vous ?

J'ai la gorge tellement nouée que les mots refusent de sortir.

– Allô ? insiste la femme au bout du fil.

– Bonjour. Je... euh, je voudrais prendre un rendez-vous, dis-je d'une voix à peine audible.

– Oui. À quel sujet ?

Je ferme les yeux.

– J'ai besoin de...

Je n'arrive pas à prononcer le mot fatidique. Comme si ça allait rendre les choses encore plus réelles.

– Je fais un exposé sur l'avortement et je voulais parler à un médecin.

Il y a un silence au bout du fil. J'ai l'impression qu'il dure une éternité, mais en réalité, il ne doit pas s'écouler plus d'une seconde. Dans l'intervalle, je sens la honte et la terreur que j'ai enfouies tout au fond de moi remonter dans ma gorge. Avant que je m'étouffe avec mes sanglots, l'opératrice reprend :

– Quel âge as-tu, ma grande ?

– Dix-sept ans.

Nouveau silence. Plus long, cette fois. Puis :

– Je peux te donner un rendez-vous avec un médecin pour ton exposé, mais pour une intervention dans l'État du Missouri, tu auras besoin d'une autorisation parentale. Tu crois que tu pourrais l'obtenir ?

Je reste assise un long moment dans mon cocon de paillettes et de satin, le souffle court, tandis que quelque chose en moi se brise.

– Non. Je ne crois pas. Est-ce qu'il y aurait, euh… un autre moyen ?

– Tu peux déposer une requête devant le tribunal, mais ça risque de prendre un certain temps. Et il te faudra un avocat.

Elle a dit ça avec gentillesse, mais uniquement pour la forme : elle sait forcément à quel point sa suggestion est risible.

– Ah. D'accord. Je ne crois pas que j'irai jusque-là. Cet exposé n'est pas si important. Euh… merci pour votre aide.

Je m'apprête à couper la communication quand l'opératrice précise :

– Certains États ne te demanderont pas d'autorisation parentale pour ton… exposé.

Mon doigt se fige au-dessus de la touche.

– Ah bon ?

– Oui. Où habites-tu ?

– À Columbia.

Le silence plane pendant qu'elle cherche quelque chose sur son ordinateur.

– Je crois que le plus proche pour toi, c'est Albuquerque.
Perplexe, je l'interroge :
– Il y a un Albuquerque dans le Missouri ?
– Non.
– Ah.
Je m'éclaircis la gorge.
– Et c'est à combien de kilomètres de Columbia ?
– Mille six cents.

Kevin : Trois jours sans toi. Je ne suis pas sûr de survivre.

Je reçois le texto de Kevin pendant que je consulte le trajet entre chez moi et la clinique d'Albuquerque. L'employée du planning familial a raison : c'est l'endroit le plus proche. À plus de mille cinq cents kilomètres d'ici. J'étudie la route depuis que j'ai raccroché le téléphone hier soir. Il y a plusieurs façons de s'y rendre et j'ai hésité entre différents itinéraires. J'ai à peine parlé à mes amies en allant au lycée. Pendant qu'elles déterminaient l'ordre dans lequel on passerait les films de Ryan Gosling durant notre week-end de révisions, j'ai additionné le coût des péages. J'ai demandé deux fois à aller aux toilettes pendant le sport, afin de faire de nouvelles recherches. J'ai même pris le risque de jeter un nouveau coup d'œil à mon téléphone en cours de physique pour vérifier mes calculs. J'ai fini par me décider. Ce n'est pas le chemin le plus court, mais compte tenu de toutes les variables, c'est le plus rapide et il est gravé dans mon cerveau. À présent, c'est l'heure du déjeuner. Mon plateau de nourriture est intact, mais je n'arrive toujours pas à lâcher mon téléphone.

Kevin : 😢
Kevin : 😭
Kevin : 😵

Avant d'appeler le planning familial, je n'étais pas sûre de confier mes déboires à Kevin. Je me disais que si personne n'était au courant, je pourrais faire comme si de rien n'était. Continuer à être moi, Veronica, la fille qui décroche des 20 dans toutes les matières et une bourse d'études. Qui ne se retrouve pas enceinte sans l'avoir voulu. Mais maintenant, j'ai besoin d'un chauffeur, et pas pour une banale course en ville. Il s'agit de faire quatorze heures de route aller – en supposant qu'on ne s'arrête pas – et autant au retour. Kevin est tout désigné. C'est mon petit ami. Il m'aime. C'est à cause de lui que je suis dans cette situation. Et il va devoir payer la moitié des frais, car c'est beaucoup plus cher que je ne le pensais. Je suis obligée de le mettre au courant. J'ai échafaudé un plan. J'ai l'alibi idéal : mon week-end avec les filles, soixante-douze heures loin de mes parents. Quant à mes amies, je peux leur dire que j'ai envie de passer un moment en tête-à-tête avec Kevin. Elles comprendront, elles ne seront même pas surprises. Et pendant ce temps, Kevin et moi traverserons quatre États pour aller dans une clinique d'Albuquerque.

Avec des doigts tremblants, je lui écris un SMS :

Et si j'échangeais mon week-end entre filles contre trois jours avec toi ?

Je prends une longue inspiration et je reçois la réponse avant même d'avoir soufflé :

Kevin : 🍆 🍆 🍑 LOL Tu es sûre ? Je sais que c'est un moment que tu adores... Et tes révisions ?

Je soupire. Il sera tellement déçu quand il apprendra la vérité.

Moi : Je suis sûre. ❤

Les filles devraient déjà être là. Je scrute la cafétéria, mais je ne les vois nulle part. Alertée par le fracas d'un plateau qui tombe, je me retourne. Des élèves de seconde quittent en courant un coin sombre de la salle, poursuivis par les insultes de Bailey. La voir égale à elle-même me rassure. Au moins, elle ne régale pas la cafétéria d'histoires sur ma grossesse.

– Ronnie ! Oh mon Dieu !

Je me retourne. Emily, Jocelyn et Kaylee se faufilent entre les tables pour me rejoindre. Leurs yeux pétillent d'excitation.

– Tu es au courant ?

– C'est dingue !

– Tu dois être folle d'impatience ?

Elles me bombardent de questions, au point que je n'arrive pas à leur répondre. Je les interroge avec appréhension :

– Au courant de quoi ?

Pour me rassurer, je me dis que si elles avaient entendu parler de ma situation, elles n'auraient pas l'air aussi réjouies. Enfin, j'espère…

– Hannah Ballard s'est fait choper en train de vendre des amphètes à des premières, lâche Emily, une octave trop haut.

Elle est visiblement ravie. Les filles se regroupent autour de moi, impatientes de me donner les détails.

– Elle prétend que c'est la première fois…

– … Genre, pour supporter la pression de la terminale, ou je ne sais quoi…

– Comme si ça ne faisait pas des années qu'elle deale des médocs…

– Et là, elle est exclue…

– Et ses parents l'envoient en désintox…

– Ce qui veut dire…

– Que tu n'as plus de concurrence pour devenir major de la promo ! achève Kaylee, triomphante.

Les filles font des petits bonds sur place. Leurs cris résonnent dans la cafétéria. Je plaque un sourire sur mon visage, mais cette nouvelle me déprime. Pendant qu'elles continuent à danser, je scrute la pièce. Dans son coin, Bailey nous observe. Nos yeux se croisent et elle sourit. Elle se tapote le ventre. Je détourne le regard.

– Peut-être qu'elle était vraiment sous pression, dis-je.

Les filles se figent et me regardent comme si je venais de parler chinois.

– On est toutes sous pression, signale Kaylee en reniflant.

– Mais imaginez qu'elle n'ait vraiment fait ça qu'une fois ? Et si c'était juste une idée débile ? Elle a commis une seule erreur, et sa vie est fichue.

Ma voix trahit mon angoisse. Les filles ont l'air perplexes. J'essaie de me calmer.

– Je trouve que ce n'est pas juste, dis-je pour conclure.

Le silence plane un instant.

– Ronnie…, commence Emily.

– Tu es trop gentille, continue Jocelyn.

– Ouais, tu ne veux pas redescendre à notre niveau et te délecter du malheur des autres ? ajoute Kaylee.

Jocelyn lui frappe dans la main d'un air entendu. Je parviens à esquisser un demi-sourire.

– Ça ne va pas ? me demande Emily. Tu as un problème ?

Je sursaute.

– Non. Pourquoi ?

– Tu rêves de devenir major de promo depuis la seconde. Et le jour où ça arrive, tu fais une tête d'enterrement. Il y a quelque chose qui cloche ? Vas-y, accouche !

Je regarde mes amies. Et si je leur disais la vérité ? Puis je repense à Hannah Ballard. À leur joie quand elles m'ont appris ses déboires. Se réjouiraient-elles autant en parlant de moi, une fois seules ? Après tout, si je ne deviens pas major de la promo, l'une d'elles prendra ma place.

– C'est… Kevin. Il veut que je vous plante pour partir avec lui ce week-end, dis-je enfin.

Je ne leur précise pas que l'idée vient de moi.

Les filles soupirent de soulagement.

– Ah. Ouf !

– J'ai cru qu'il y avait quelque chose de grave.

– Genre, que tu avais une tumeur au cerveau.

– Qu'on t'avait supprimé ta bourse.

– Ou que tu étais enceinte…

Mes amies s'esclaffent et je me force à rire avec elles, même si tout mon corps est engourdi.

– Ha, ha. Excellent ! Mais non.

Du coin de l'œil, je vois Bailey s'approcher. Les élèves s'éparpillent comme des feuilles devant elle. Vient-elle par ici ? Je retiens mon souffle, mais elle nous dépasse sans s'arrêter.

Emily me passe un bras autour des épaules et m'attire contre elle.

– On était sûres que tu allais nous lâcher.

– Ouais, c'est tellement l'occasion parfaite.

– Alors, vous ne m'en voulez pas ?

– Impossible ! Si on sortait avec un mec comme Kevin, on serait les premières à en profiter.

– Sérieux. Qu'est-ce qu'il fait à ses cheveux pour avoir des boucles aussi sexy ?

– Chut ! Le voilà ! chuchote bruyamment Jocelyn en regardant par-dessus mon épaule.

Je me retourne et je me retrouve nez à nez avec mon petit ami. Il est si près que je sens son haleine : sandwich beurre de cacahuète. J'ai un brusque mouvement de recul.

– Pardon, ma chérie ! Je n'arrête pas de te faire peur. Genre, je suis une mauvaise note...

Il tend les mains devant lui, tel le monstre de Frankenstein, et grogne :

– Arrrrgh. Je suis un C+.

Les filles explosent de rire à sa blague débile. Je ris aussi, mais j'aimerais qu'il arrête de me taquiner avec mes notes. Kevin s'assied nonchalamment à côté de moi et me présente un paquet de Twizzlers.

– Quelqu'un en veut ?

Les filles gloussent et prennent chacune un bonbon. Kevin m'enlace la taille.

– Tu leur as dit, ou pas encore ?

– On est au courant, intervient Emily. On est avec toi, Kev !

Elle lui adresse un clin d'œil coquin, auquel il répond par un sourire paresseux. Elle se pâme. Kevin reporte son attention sur moi.

– Alors, écoute : comme tu renonces à ton week-end préféré pour moi, je te sors le grand jeu. Restau classe. Chambre au Knights Inn. Chocolat. Jacuzzi...

Il conclut son énumération en faisant un bruit d'explosion avec sa main.

– Boum !

– Ouais, euh… Peut-être qu'on pourrait juste improviser ? dis-je d'une voix rauque, en évitant de penser à la conversation qui nous attend.

– Tu préfères un truc plus spontané. Ça roule, dit Kevin en mordant dans son Twizzler. Ça va être un week-end inoubliable.

Sur ce point-là, au moins, il n'a pas tort.

Kilomètre 1

Mes parents me font des signes d'adieu depuis le porche d'entrée. Je case mon sac de voyage dans le coffre et je grimpe dans la voiture de Jocelyn. Puis je lâche mon sac à dos par terre avant de m'asseoir. Les filles ont des tee-shirts vert fluo assortis. Emily bombe le torse.

– Regarde ! Je les ai fait faire pour l'occasion.

Sur le devant, on peut lire : «Terminale 2020 : Dernier W.E. de révisions.»

J'enfile le mien par-dessus mon débardeur en culpabilisant un peu de leur faire faux bond. Puis la colère m'envahit. C'est tellement injuste ! Des millions de filles ont des rapports sexuels sans être enceintes. J'ai pris toutes les précautions qu'il fallait. Pourquoi suis-je punie ?

On rentre toutes à l'université dans quelques mois. Qui sait quand on pourra à nouveau partir ensemble ? Une fois qu'on sera dispersées dans le pays, on risque de se perdre de vue. On va rencontrer des gens nouveaux. On aura des centres d'intérêt différents. On vit peut-être nos derniers moments de complicité. Et moi, au lieu de terminer l'année en beauté, à me goinfrer d'Oreos et de bonbons avec mes meilleures amies, je vais…

Une fois de plus, mon cerveau se bloque pour m'éviter de penser à ce qui m'attend.

Pour la première fois depuis que j'ai découvert que je suis enceinte, la tristesse l'emporte sur la panique, et mes yeux s'emplissent de larmes. Je cligne des paupières et je me force à sourire pour saluer mes parents.

– Travaille bien ! Pense à Brown ! me lance mon père.

– N'oublie pas de nous envoyer un texto en arrivant ! ajoute ma mère.

Kaylee se penche par la fenêtre du passager.

– Euh, madame Clarke… Vous vous souvenez qu'on n'a quasiment pas de réseau à la cabane ? dit-elle sur un ton d'excuse.

Ma mère se décompose, puis s'efforce de donner le change.

– Bon… Eh bien, fais ton possible, Veronica.

Je hoche la tête.

– D'accord, maman. Je t'aime !

Je fais coulisser la portière, puis Jocelyn met le clignotant et démarre. Lorsqu'elle s'engage dans la rue, j'entends ma mère crier :

– On vous fait confiance !

C'est sa phrase préférée, qu'elle me répète depuis que j'ai six ans pour me faire éprouver un maximum de culpabilité. Franchement, elle est trop forte !

Après avoir tourné au coin de la rue, Jocelyn cherche mon regard dans le rétroviseur.

– On te dépose où ?

– Au Bistro.

La voiture s'emplit de cris stridents. Le Bistro est le restaurant le plus chic de la ville. Mes parents n'y sont allés qu'une fois, pour leur anniversaire de mariage. C'est le genre d'établissement où un serveur replie votre serviette et la remet sur la table quand vous allez aux toilettes. Le menu est en français, et mieux vaut savoir prononcer « *haricot vert*[1] » avec l'accent qu'il faut, si on ne veut pas passer pour un attardé. J'imagine d'avance l'atmosphère feutrée de la salle. Ce n'est pas l'endroit rêvé pour donner des nouvelles de mon utérus à Kevin, mais je n'ai pas trouvé l'occasion de lui parler cette semaine, et maintenant, le temps presse.

– Euh… Tu y vas comme ça ? me demande Emily en lorgnant mon tee-shirt et mon jean.

– Elle ne pouvait pas vraiment sortir de chez elle en tenue de soirée, pouffe Kaylee, avant de m'interroger : Fais voir ce que tu as…

Je sors de mon sac à dos une minijupe à fleurs et des escarpins à talons, et j'explique :

– C'est la jupe préférée de Kevin.

J'ai voulu mettre toutes les chances de mon côté, et je me suis dit qu'une minijupe était un bon moyen de

1. En français dans le texte.

l'amadouer. Confortée par les murmures d'approbation des filles, je me tortille pour retirer mon jean. Avec le débardeur que j'ai sous mon tee-shirt « Dernier W.E. de révisions », je serai assez chic pour le Bistro. Enfin, j'espère.

Le restaurant est à dix bonnes minutes de route. Pourtant, j'ai l'impression qu'on y arrive en une fraction de seconde. Quand Jocelyn entre sur le parking, mon cœur bat la chamade. Je ne suis pas prête.

– Il est là ! crie Emily.

Kevin est sur le trottoir, en train de consulter son téléphone. Le soleil donne à ses cheveux des reflets dorés sublimes. À l'approche de la voiture, il lève les yeux et sourit. Les filles poussent des soupirs admiratifs. Jocelyn se gare et elles m'embrassent à tour de rôle.

– Amuse-toi bien !

– Tu vas nous manquer !

– On veut des photos !

– Ouais, surtout de Kevin dans le jacuzzi !

Au bout d'un petit moment, comme je ne me suis toujours pas décidée à bouger, elles me regardent d'un air intrigué.

– Qu'est-ce que tu fabriques ? me demande Kaylee. Ton prince charmant t'attend.

Emily et Jocelyn s'esclaffent.

– Je... ne veux pas y aller.

Je n'en reviens pas d'avoir prononcé ces mots à haute voix. Les filles sont interloquées.

– Euh…, quoi ? demande Jocelyn.

– Bon, c'est vrai : on va passer un week-end génial. Mais quand même : tu vas retrouver Kevin Decuziac, ajoute Emily d'une voix teintée de nostalgie.

– C'est juste que… Kevin est parfois… un peu trop…

C'est vrai. Il en fait trop. En temps normal, je trouve ça plutôt craquant. Comme la fois où il est venu devant chez moi avec une fanfare pour m'inviter au bal de fin d'année. Ou quand il a organisé une chasse au trésor dans tous les endroits où on s'était embrassés pour la Saint-Valentin. Mais aujourd'hui, je vais le décevoir. Je ne serai pas la fille exceptionnelle qui lui donne ce sourire béat. Je n'ose même pas imaginer sa réaction quand je vais lui annoncer la nouvelle.

Et si je disais tout à mes amies, tout de suite ? Peut-être que je n'aurais pas à descendre de cette voiture. Peut-être que Jocelyn pourrait redémarrer et rouler jusqu'au Nouveau-Mexique.

– Tu trouves qu'il est trop amoureux de toi ? s'enquiert-elle, vaguement moqueuse.

– Non. C'est juste que…

– Méfie-toi. Il ne reste que quelques semaines de cours, mais si tu le laisses partir, une autre va le récupérer.

– Sûrement une de nous, précise Emily.

– C'est le mec le plus sexy du lycée, me rappelle Kaylee.

– Je veux bien qu'il en fasse un peu trop avec moi toute la nuit, glousse Jocelyn.

Ça ne se passe pas comme je l'espérais. Si le simple fait d'admettre mes doutes sur mon petit ami parfait déclenche une telle réaction, impossible de leur avouer le reste. Je me force à sourire.

– Vous avez raison. Je ne sais pas ce qui m'arrive. C'est sûrement le trac. Je ne suis jamais allée dans un endroit aussi chic.

Les filles semblent soulagées. Tout s'explique. Ce sont mes meilleures amies, mais pas le genre de personnes à qui je peux parler ouvertement. Notre amitié s'est construite sur des succès, et non sur des échecs.

Il fait sombre dans la salle de restaurant. C'est à peine si je vois l'entrecôte baignée de sauce dans mon assiette, mais qu'importe. Je suis tellement tendue que je suis incapable d'avaler la moindre bouchée. Je n'ai encore rien dit à Kevin. Je n'y arrive pas. Chaque fois que j'essaie de me lancer, un serveur vient remplir mon verre d'eau ou me demander si je veux du poivre. Kevin a presque fini son plat, il n'a laissé que les épinards.

– C'est romantique ici, non ? me demande-t-il en enfournant une dernière bouchée de filet mignon.

– Euh… ouais.

Le repas tire à sa fin et Kevin commence à sentir que quelque chose ne tourne pas rond. Je n'ai presque pas dit un mot de la soirée, il a du mal à entretenir la conversation.

– J'adore les bougies, tente-t-il.

Il faut absolument que je lui parle.

– Ouais. J'ai un truc à te dire. Je…

« Allez, Veronica. Jette-toi à l'eau. Ça ira mieux après. Quoi qu'il arrive, ça ne peut pas être pire que maintenant. »

– Écoute, je ne sais pas comment c'est arrivé… Statistiquement, c'est presque impossible.

« Ne le regarde pas. »

– Essaie de ne pas te mettre en colère…

J'ai la voix rauque et le souffle court. Je lève les yeux pour jauger la réaction de Kevin, mais il n'est plus là. Il est à côté de moi, un genou à terre. Aïe…

– Qu'est-ce que tu… ?

Il sort un petit écrin de velours de sa poche et l'ouvre, révélant une délicate bague en or jaune ornée d'un diamant princesse.

– Veux-tu m'épouser, ma chérie ?

Je reconnais chacun des mots séparément, mais mon cerveau refuse de les aligner.

– J'essaierai d'être le meilleur mari et le meilleur père du monde. Je prendrai soin de nous. Tu verras…

Hein, quoi ? Je ne m'attendais certainement pas à une demande en mariage. Au fond de moi, une petite voix me dit que je devrais me réjouir. Kevin ne perd pas son sang-froid. Pourtant, je suis désarçonnée. Ce n'est pas du tout ce que j'avais prévu. Je pensais tout lui avouer et lui demander de m'accompagner au Nouveau-Mexique en voiture. J'ai préparé des réponses à ses éventuelles questions sur l'itinéraire, la durée du trajet, la distance, les aires de repos. Mais ça, non…

Soudain, je bloque sur un détail. Kevin a-t-il réellement prononcé le mot « père » ? Je ne lui ai pourtant pas dit que…

– Attends… tu savais déjà que j'étais enceinte ?

Kevin continue bille en tête, comme s'il n'avait pas entendu ma question :

– Je trouverai du travail. On louera un appartement. Tu pourras quand même aller à la fac une fois que le bébé sera né. Tes parents nous aideront, regarde ce qu'ils ont fait pour ta sœur. Et il y a une crèche à l'église. Ce ne sera pas aussi terrible qu'on peut l'imaginer. On pourra toujours faire la fête le week-end.

Il attend ma réponse, plein d'espoir. Mais j'en suis encore à me demander comment il a découvert mon secret.

– C'est Bailey qui te l'a dit ?

Kevin cligne des yeux, perplexe.

– Bailey Butler ? Gueule de raie ? Pourquoi ? Elle…

– Comment tu le sais, alors ?

Je n'y comprends rien.

– Euh… Tu es rayonnante, et…

Il me renifle…

– Tu as changé d'odeur.

Un horrible soupçon m'envahit.

– Depuis quand connais-tu les signes de la grossesse ?

– Je… J'ai fait des recherches.

Kevin se dandine d'un genou sur l'autre, embarrassé.
– Pourquoi ?
– Parce que… Je me suis dit… que peut-être…
Une peur glaciale m'envahit.
– On a utilisé des préservatifs.
– Oui, mais… euh…
Je l'oblige brutalement à se relever et à se rasseoir en face de moi.
– Il y en a un qui s'est déchiré ?
Kevin baisse les yeux.
– Peut-être.
– Oui ou non ?
– Non. Il ne s'est pas déchiré.
– Mais tu as quand même pensé que j'étais enceinte. Tu as fait des recherches, tu as acheté une bague…
Je m'efforce de conserver une voix neutre, pour ne pas trahir la rage qui s'empare de moi. La culpabilité se lit dans les yeux de Kevin. Une perle de sueur coule sur sa tempe. Je le savais ! Ce n'est pas un accident.
– Dis oui, ma chérie, m'implore-t-il en sortant la bague de la boîte.
– Est-ce que tu as… Est-ce que…
Pendant que je bégaie, Kevin tripote la bague, mal à l'aise. Ça ne se passe pas non plus comme il l'imaginait.
– Tiens. Essaie-la.
Il tente de me passer la bague au doigt. Je retire brusquement la main.
– Est-ce que tu as PLANIFIÉ ça ?

– Planifié ? Mais non ! Ma chérie, ce serait dingue !

– Kevin…

– Je ne l'ai pas fait exprès…

– Quoi ? Qu'est-ce que tu n'as pas fait exprès ?

– Rien ! C'est juste que… le soir où tu as appris que tu étais acceptée à Brown… On a bu des bières et… et j'étais vraiment triste que tu partes aussi loin. J'ai toujours imaginé que j'irais sur la côte est, moi aussi. Je sais que j'ai des notes pourries, mais je pensais qu'une fac me recruterait pour le foot. Bref, j'étais sûr qu'une fois à Brown, tu rencontrerais un mec mieux que moi. Alors, je me suis dit que… si jamais quelque chose t'obligeait à rester, ça changerait tout.

Il dit ça comme si tout était normal. Comme s'il ne m'avait pas volé ma vie.

– Qu'est-ce que tu as fait ?

– Honnêtement, je l'ai regretté dès le lendemain matin. Mais j'avais peur de te le dire. Je savais que tu m'en voudrais.

Je me lève et je m'éloigne de la table à reculons. L'énormité de son acte me suffoque.

Kevin me regarde.

– Je suis désolé, ma chérie.

Je sens un liquide brûlant monter dans ma gorge.

J'ai tout juste le temps de sortir avant de vomir sur le béton en éclaboussant mes escarpins neufs. Je continue à hoqueter, surprise d'avoir encore quelque chose à vomir alors que je n'ai rien avalé, quand j'entends les pas de Kevin. Il contemple la flaque de vomi.

– Ça veut dire que le bébé est en bonne santé. J'ai lu ça quelque part.

Je m'essuie la bouche et je pivote brusquement vers lui.

– Comment tu as pu m'imposer ça ?!

Je tremble de tout mon corps. Son expression change. Il a l'air moins préoccupé que sur la défensive.

– Tu allais partir et j'ai paniqué, OK !

– Et donc ?!

– Je n'aurais jamais cru que ça marcherait ! J'ai juste fait de tout petits trous dans le préservatif ! Mon sperme doit être super puissant.

Kevin sourit avec fierté. Une crampe me tord le ventre. Il m'effleure doucement le bras.

– Écoute, tu sais combien je t'aime...

Quelques jours plus tôt, je n'en aurais pas douté. Pas plus que de la réciproque. On formait le couple parfait : on allait ensemble aux bals du lycée, on mettait des costumes d'Halloween assortis, on marchait main dans la main pour se rendre en cours. On faisait l'amour dans sa voiture. Mais était-ce de l'amour, ou juste un simulacre ?

– Comment c'est possible ?

– S'il te plaît, arrête de t'inquiéter, m'implore-t-il. Moi aussi, ça m'a angoissé, au début. Mais plus j'y pense, plus je me dis que ce n'est pas si grave. On ne sera pas les premiers à fonder une famille très jeunes.

J'ai une vision prémonitoire. Les barbecues dans le jardin, l'église le dimanche. Les gens qui nous félicitent en nous disant qu'on est un beau couple. Et moi qui n'en finis plus de le haïr.

Kevin continue bille en tête :

– Ce n'est pas l'idéal, mais on va se débrouiller. Tu es intelligente. Tu n'as pas besoin d'un diplôme de l'Ivy League pour réussir. Et je serai là pour te soutenir.

Il essaie de m'enlacer.

Et soudain, une évidence me frappe. Kevin a obtenu ce qu'il voulait. Pas forcément un bébé, mais un moyen facile de s'en sortir. Il n'aura pas besoin de tout recommencer à zéro dans une nouvelle fac. Dans un endroit où il ne sera pas la star de l'équipe de foot, où les fêtes seront pleines d'étrangers, où il ne sera pas la coqueluche du campus. Il n'aura pas à affronter la solitude. Il déteste être seul.

Je me dégage brusquement.

– Ne me touche pas !

– Je comprends, dit-il en reculant. Tu as besoin d'espace.

Il se trompe : je n'ai pas besoin d'espace. Pour moi, l'univers est vide. Ce n'est pas l'espace qui manque. Je suis l'espace. Des milliers de kilomètres me séparent de la seule chose qui pourrait me sauver de ce cauchemar.

Je marche de long en large, l'esprit en ébullition, à la recherche d'une solution. Comment Kevin réagirait-il si je lui confiais mon plan ? Il m'a mise enceinte de peur que je le quitte. Serait-il d'accord pour me conduire à la clinique ? Et si oui, est-ce que je pourrais rester assise à côté de lui pendant trois jours, en sachant ce qu'il m'a fait ?

Soudain, un éclat de lumière attire mon attention. La bague scintille dans la lueur du réverbère.

– Combien ça t'a coûté, ce truc ?

J'ai besoin d'au moins cinq cents dollars. Peut-être que si je la revendais…

– J'ai dépensé mon salaire de maître-nageur. Ça veut dire que tu acceptes ?

Je le regarde, sidérée. Après tout ce qui s'est passé, il s'imagine toujours qu'on a un avenir ensemble ?

Kevin sent qu'il a dit une bêtise et s'empresse de rectifier le tir :

– Désolé. Je ne veux pas te mettre la pression.

Il fait quelques pas, puis me regarde de nouveau, tel un chiot implorant.

– Donc, c'est oui ?

Je l'ignore. Un plan prend vaguement forme dans mon esprit.

– J'ai besoin de temps pour réfléchir.

– Pas de problème, ma chérie. Tu veux que j'attende un petit quart d'heure dans ma voiture ?

– On en reparlera lundi.

– Lundi ? Mais l'hôtel ? J'ai payé la chambre d'avance !

Comme je le fusille du regard, il se résigne :

– Bon, d'accord. Lundi, c'est bien.

Puis, incapable de résister, il ajoute :

– Je suis sûr que plus tard, on rira en y repensant.

Il se penche pour me donner un baiser, mais se ravise. Je réalise alors qu'on ne s'embrassera plus jamais.

Cinq minutes plus tard, il monte dans sa voiture et je reste plantée sur le trottoir avec mes sacs.

– Tu es sûre que tu ne veux pas que je te conduise à la cabane ?

– C'est bon, merci. Les filles ont déjeuné en ville avant de partir. Elles vont passer me prendre.

– D'accord. Mais ne leur dis rien, s'il te plaît. Je veux que nos fiançailles soient une surprise.

Il tend la main par la fenêtre ouverte pour me caresser le bras. Je ravale mon dégoût en m'émerveillant de voir à quel point il est idiot. Je sors avec lui depuis trois ans, mais j'ai l'impression de le voir pour la première fois.

– À lundi, dis-je d'une voix ferme.

Kevin soupire, déçu.

– Très bien.

Il s'incline, remonte la vitre et quitte le parking. Alors qu'il s'éloigne, mon téléphone bipe plusieurs fois. J'ai reçu un message des filles.

Emily : On est presque arrivées à la cabane ! Tu nous manques !

Jocelyn : Vous êtes déjà à l'hôtel ?

Kaylee : Alors, ce jacuzzi ?

Je tape une brève réponse :

Super ! J'enfile mon bikini ! 😉

Puis, après avoir vérifié que Kevin ne rôde pas dans les parages, je reprends le chemin du centre-ville.

C'est la première fois que je viens à la gare routière. Elle sert aussi de relais routier, et abrite aussi un restaurant et un salon de tatouage. Une odeur de vieille graisse et de désinfectant plane dans la salle d'attente. Je sens les camionneurs me déshabiller du regard et je regrette d'avoir gardé ma minijupe.

Je me dirige vers le guichet, où un type chauve avec un brin de tabac sur la lèvre m'observe d'un air morne.

– Excusez-moi. Combien coûte un billet pour Albuquerque, s'il vous plaît ?

L'homme tape quelques mots dans un ordinateur hors d'âge et répond en grognant :

– Quatre-vingt-dix-sept cinquante. Prochain départ, 19 heures.

Il se retourne vers la télé, qui diffuse une course de chiens en direct. Je pousse un soupir de soulagement. Avant de partir, j'ai récupéré l'argent de mes baby-sittings dans mon tiroir à chaussettes. J'ai quelques centaines de dollars.

– Parfait. Je le prends.

En sortant mon portefeuille, je m'aperçois que j'ai oublié un détail important :

– À quelle heure il arrive ?

Le caissier souffle bruyamment, contrarié d'être à nouveau dérangé. Il pianote sur le clavier.

– 21 heures, demain.

– Samedi soir ?

Je suis incapable de dissimuler ma panique.

– Il n'y a rien de plus rapide ? Un express ?

L'employé me regarde pour la première fois. Il remarque mon âge, ma tenue vestimentaire, et sourit.

– Si. Ça s'appelle un avion.

Il crache du jus de tabac dans un gobelet en carton et me tourne le dos.

– Ah, d'accord. Merci.

Assise sur un siège inconfortable et couvert de graffitis, dans les toilettes des femmes, j'essaie de retenir mes larmes. Pas de petit ami, pas de car, pas d'espoir. Je suis à court d'options. Adieu, colocation à Brown ! Je vais passer l'automne à aménager une chambre d'enfant avec le matériel de puériculture hérité de ma sœur et à déprimer, écrasée sous le poids de la déception de mon père. À cette pensée, je lâche un sanglot.

Dans le cabinet voisin, quelqu'un tire la chasse d'eau, se lave les mains et s'en va. Apparemment, les pleurs hystériques sont monnaie courante dans les relais routiers. Je ris. J'ai beaucoup pleuré dans les w.c., ces derniers temps. Quand tout sera fini, je pourrai peut-être faire un classement. Je mettrai une moins bonne note à celles-ci qu'aux toilettes du lycée, parce qu'au moins, Bailey a compati quand je me suis mise à pleurer. Et elle a tenu sa langue.

Mes larmes achèvent de se tarir lorsqu'une nouvelle idée me traverse. Une pensée un peu terrifiante, peut-être folle : Bailey.

Quand le bus me dépose dans le quartier de Bailey, le soleil décline déjà, mais l'air est encore chaud et lourd. J'ai remis mon jean à la gare routière. À force de trimballer mes deux sacs dans la moiteur ambiante, mes vêtements me collent à la peau. Heureusement, j'ai moins mal aux pieds depuis que j'ai troqué mes escarpins pleins de vomi contre mes baskets. Je les ai jetés à la poubelle sans l'ombre d'un regret.

Les maisons sont en retrait de la rue, entourées de pelouses verdoyantes, séparées par des haies soigneusement entretenues. Aucune guirlande de Noël distendue, aucun jouet en plastique ne gâchent le paysage comme dans mon quartier. Les façades de brique sont sévères, intimidantes. En remontant l'allée de Bailey, je me sens toute petite. J'entends le son étouffé d'une télé à l'intérieur. Elle est chez elle, probablement seule. À ma connaissance, sa mère travaille toujours de nuit à l'hôpital. Je résiste à l'envie de partir en courant et j'appuie sur la sonnette.

Des pas résonnent dans la maison. Une ombre passe devant la fenêtre. Les pas s'arrêtent. Quelqu'un jette un coup d'œil par le judas. Un verrou tourne. La porte s'ouvre.

Bailey me regarde avec des yeux troubles, appuyée contre le chambranle. Elle porte une tenue débraillée : caleçon et tee-shirt XXL orné d'une licorne qui fait des crottes en forme d'arcs-en-ciel. Elle n'a pas l'air surprise. J'attribue son indifférence à l'odeur d'herbe qui flotte dans l'air.

– Tiens ! Qu'est-ce que j'ai fait pour mériter la visite de l'embryon ? s'informe-t-elle.

– Désolée de te déranger. Tu es occupée ?

– Très ! grommelle-t-elle.

– Écoute, je sais qu'on n'est plus aussi amies qu'avant, mais tu es la seule personne motorisée que je connaisse, et...

Ma voix trahit ma nervosité. J'ai préparé mon discours en chemin, mais Bailey a toujours eu le chic pour saboter mes plans. Comment va-t-elle réagir, cette fois ? À ma vive surprise, elle ne m'interrompt pas. Immobile, le front légèrement plissé, elle attend de voir où je veux en venir.

– Si je pouvais faire ça en ville, ou même à Saint-Louis, je ne te demanderais rien. Mais là, le plus proche, c'est Albuquerque et...

Bailey me fait taire d'un geste.

– Le plus proche *quoi* ? me demande-t-elle d'une voix pâteuse.

Je rougis.

– L'endroit. Tu sais... Pour l'intervention...

Je la regarde assembler mentalement les pièces du puzzle. Un sourire ravi se dessine sur son visage.

– Attends... Tu veux que je te serve d'escorte ?

Le soulagement m'envahit. Elle a compris.

– Oui. Je paierai l'essence, le restaurant, et tout.

Je guette sa réaction.

Elle hoche la tête, pensive.

– Ah, je comprends.

– Tu comprends quoi ?

– Où sont tes meilleures amies, Veronica ?

– C'est notre week-end de révisions. Elles sont en train de bosser, j'imagine…

– Mmh-mmh. Bien sûr.

Elle me regarde d'un air entendu.

– Tu ne veux pas qu'elles apprennent ce qui t'arrive, c'est ça ?

– Non ! Pas du tout !

– Dans la vie, on a tous différentes sortes d'amis. Il y a tes meilleurs amis, ceux que tu côtoies par intérêt, tes amis de colonies de vacances, et bien sûr, tes amis junkies…

– Ce n'est pas…

– Moi, je suis ton amie-avortement !

– Non ! Écoute…

Bailey ne se laisse pas arrêter par ma protestation timide.

– C'est ça ! Je suis le genre d'amie dont tu n'as pas besoin au quotidien, pour les virées shopping ou les week-ends entre filles. Mais quand vient le moment de purger ton placenta… Bam ! Tu appelles l'amie-avortement !

– Chuut !

Je lui fais des signes frénétiques pour qu'elle baisse la voix. Ses voisins risquent de l'entendre. Mais elle est trop occupée à faire semblant de pleurer pour y prêter attention.

– Je suis vraiment flattée… d'avoir été choisie pour cet… honneur.

Agacée, je retire la bague de fiançailles de Kevin de mon doigt et je la lui colle sous le nez.

– Écoute, je ne te demande pas de le faire par amitié. Je vais mettre ça en gage. C'était… à ma grand-mère. Je garde juste la somme nécessaire pour la clinique et le reste est à toi, OK ? C'est un boulot, rien de plus.

Bailey nous considère à tour de rôle, la bague et moi. Puis elle hoche lentement la tête et me claque la porte au nez.

– Bailey !

C'est ma dernière chance. Il faut absolument que j'arrive à la convaincre.

– Bailey ? S'il te plaît ?

Pas de réponse. Je n'entends plus que le léger bourdonnement de la télé dans la maison.

Je remonte l'allée comme un zombie et je m'assieds sur le trottoir. La nuit va bientôt tomber. Comment ai-je pu penser une seule seconde que Bailey accepterait de m'aider ? Elle me déteste, c'est tellement évident ! D'ailleurs, moi non plus, je ne la supporte pas. Avant cette semaine, on ne s'était pas adressé la parole depuis quatre ans. J'espérais la convaincre en lui proposant de la payer. Ce n'est sûrement pas avec son argent de poche qu'elle peut acheter toute l'herbe qu'elle fume. Mais l'occasion de me contrarier était sûrement trop tentante.

À court d'idées, même mauvaises, je reste assise sur le bitume et je regarde mes pieds en attendant quelque chose, n'importe quoi. De préférence la fin du monde. Le grondement d'un moteur me ramène sur terre. Le véhicule se rapproche. Il est tout près. Je lève les yeux.

Bailey se penche par la fenêtre d'une Chevrolet El Camino vintage, orange avec une bande noire sur le capot.

– J'ai une condition, dit-elle. On s'arrête à Roswell.

– Pardon ?

Je me fige en plein geste, alors que j'étais en train de me relever et de ramasser mes sacs. Elle plaisante, ou quoi ?

– Tu sais, je ne suis pas sûre qu'on aura le temps de faire du tourisme…

– Veronica. Je te parle d'extraterrestres ! J'ai toujours rêvé d'y aller, et ce ne sont pas seulement *tes* vacances.

Vexée, je proteste :

– Ce ne sont pas des vacances !

Bailey lève les yeux au ciel.

– C'est bon ! Je ne suis pas obligée de prendre les choses tragiquement, comme toi.

– Je ne prends pas les choses comme ça. Mais ce n'est pas une plaisanterie. Je viens de passer une semaine épou…

– Bla bla bla bla bla. Ouîn ! ouîn ! Je m'appelle Veronica et il m'arrive un truc horrible…

– Arrête, Bailey. Je suis sérieuse.

– Moi aussi. C'est Roswell ou rien.

On échange des regards assassins. Puis Bailey hausse un sourcil.

– Puisque tu le prends comme ça, je n'ai plus qu'à rentrer cette beauté au garage. J'ai un marathon de *Doctor Who* sur le feu.

Sur ces mots, elle enclenche la marche arrière.

– Attends !

– Quoi ?

– C'est d'accord pour Roswell.

Bailey sourit, mais ce n'est pas son rictus habituel. Elle a l'air sincèrement ravie. J'ai un pincement de culpabilité. Je lui ai menti. On n'aura jamais le temps de faire une étape à Roswell, mais j'ai besoin de sa voiture. J'ai besoin d'elle. Je range mes scrupules au placard.

– À condition qu'on commence par régler mon problème.

Bailey hausse les épaules.

– OK, chef ! Monte !

J'obéis. En découvrant l'intérieur de la voiture, je cligne des yeux, incrédule. Une lumière noire éclaire l'habitacle. Les sièges sont en cuir lisse et épais, et le levier de vitesses est orné d'un crâne.

– Tu n'avais pas une Camry ?

C'est la première pensée cohérente que j'arrive à formuler. Bailey lève les yeux au ciel.

– Avant, oui. Mais le mec de ma mère répare des voitures. Il m'a appris deux ou trois trucs. On a travaillé ensemble sur celle-là, et il me l'a offerte pour mon diplôme. C'est sympa, non ?

– Carrément ! C'est hyper généreux.

Bailey hausse les épaules.

– On s'entend bien, tous les deux. Et de toute façon, on n'allait pas faire un *road trip* en Camry.

Franchement, au point où j'en suis, j'accepterais de voyager dans n'importe quel véhicule susceptible de m'emmener à Albuquerque. Sauf la voiture de Kevin, bien entendu. Bailey tourne la clé et fait vrombir le moteur.

– En avant pour l'« intervention » !

Elle démarre sur les chapeaux de roues et je me retrouve plaquée contre mon siège. Nous traversons comme une fusée la banlieue paisible. Les chiens aboient. Des alarmes de voiture se déclenchent. La voix de Bailey s'élève par-dessus le grondement du moteur. Elle improvise une chanson :

– Amie-avortement, amie-avortement ! Si tu t'étais pas envoyée en l'air, tout se serait passé autrement !

Je ferme les yeux et je prie pour survivre aux mille cinq cent quatre-vingt-dix-sept prochains kilomètres.

Kilomètre 6

On patiente au feu rouge. Bailey a allumé l'autoradio et chante à tue-tête sur la musique hargneuse qui se déverse des haut-parleurs et fait trembler les vitres de la Chevrolet. Un panneau signale l'entrée de l'autoroute devant nous. Affalée sur mon siège, je fixe le ruban d'asphalte qui disparaît dans le lointain. D'un instant à l'autre, nous allons traverser l'État en filant comme le vent, incognito.

– On pourrait être un peu plus discrètes, s'il te plaît ?

Pour toute réponse, Bailey monte encore le volume.

– Génial. Merci.

Je jette un coup d'œil par la fenêtre. Par chance, aucune autre voiture n'est arrêtée au feu. La salle du restaurant à l'angle de la rue est quasiment déserte. Un client solitaire est assis dans un box, devant un banana split. Il a l'air malheureux. On dirait Kevin.

C'est Kevin !

– Éteins la musique ! Vite !

Je tends la main vers le bouton, mais Bailey intercepte mon geste.

– Pas question. C'est juste le moment où ça commence à déchirer.

– Éteins !

Trop tard. Je sens qu'il m'a vue. Je me retourne, pleine d'appréhension. Kevin fixe la El Camino, bouche bée, la cuillère suspendue à mi-chemin entre la coupe et ses lèvres. La glace coule lentement. Il articule mon prénom.

– Démarre, je t'en supplie.

– Du calme, Juno. Je ne peux pas. Le feu est rouge.

– Depuis quand tu respectes la loi ?

Dans le restaurant, Kevin lâche sa cuillère et se lève en abandonnant sa glace.

– Je ne grille pas les feux. On ne sait jamais. Il y a peut-être un flic dans les parages.

Kevin sort du restaurant. Je m'affole :

– C'est Kevin ! Il vient par ici !

Bailey se retourne et le voit foncer vers nous.

– La vache ! Il court vite, ce blaireau !

Je verrouille frénétiquement les portières et je mens :

– Il ne sait pas que je suis enceinte.

Bailey reporte son attention sur moi.

– Sans blague !

– Veronica ! Qu'est-ce que tu fais ? crie Kevin lorsqu'il arrive à portée de voix.

Voyant qui est au volant, il bredouille :

– C-c'est… Bailey Butler ?

Il s'arrête, perplexe, essayant de comprendre pourquoi je suis assise à côté de Bailey dans une El Camino, à l'entrée d'une bretelle d'autoroute. Sur ces entrefaites, le feu passe au vert.

– Fonce !

Bailey enfonce l'accélérateur et démarre dans un crissement de pneus. Je regarde Kevin rétrécir dans le rétroviseur. Au moment où on passe sous le panneau «Autoroute 63 sud», mon téléphone bipe.

Kevin : Où tu vas ?

J'efface son texto avec des doigts tremblants, puis je bloque son numéro. Bailey lorgne l'écran.

– Laisse-moi deviner. Tu as peur qu'il te largue s'il découvre le pot aux roses ?

– Ouais. C'est con, hein ?

– Moins con que de sortir avec lui.

– Tu le détestes parce qu'il est populaire.

– Tu délires.

– Je ne délire pas ! Il m'aime. En seconde, il m'a proposé de sortir avec lui tous les jours pendant un mois avant que j'accepte. Il m'envoyait des petits mots adorables. Un soir, il est carrément venu sous ma fenêtre.

– Ça s'appelle du harcèlement.

– C'était hyper romantique !

Je ne sais pas pourquoi je défends Kevin, alors que j'ai toujours envie de l'enfermer dans la chambre froide du restaurant. Probablement à cause de l'air suffisant de Bailey.

– Pour moi, ton Roméo devrait faire l'objet d'une injonction restrictive, insiste-t-elle.

– Il est fou de moi.

– Fou, ouais. Un vrai psychopathe.

– OK, laisse tomber.

Je croise les bras en soupirant.

– C'était juste la première fois que quelqu'un se donnait autant de mal pour me séduire. Tu comprends ?

Une drôle d'expression traverse le visage de Bailey. Puis elle s'applique à le rendre inexpressif.

– Non.

Nous roulons pendant quelque temps en silence. Mais comme d'habitude, Bailey est incapable d'abandonner.

– Il avait vraiment l'air de vouloir te parler, tout à l'heure.

Je ne peux pas lui avouer la vérité. C'est trop humiliant. Il faut vraiment être idiote pour tomber amoureuse d'un mec capable de faire un truc pareil. Et je ne suis pas censée être idiote. Je suis la meilleure élève du lycée, maintenant qu'Hannah est hors concours. Alors, que doit-on en conclure ? En plus, je n'ai pas envie d'entendre Bailey me répéter « je te l'avais bien dit » pendant des milliers de kilomètres.

Elle paraît sceptique.

– Tu ne m'as pas tout dit, peut-être ?

– Je te paye pour me conduire, pas pour m'interroger.

– Oh là là ! Susceptible, en plus ! Très bien. Revenons à nos affaires. On la met en gage où la bague de Mamie ?

– Ah… Je pensais qu'on ferait ça à Albuquerque.

– Pas question ! Imagine que Papi soit un gros radin et qu'il l'ait trouvée dans une tirette à chewing-gum ? Je n'attends pas le Nouveau-Mexique pour savoir si je vais être payée. Ça ne marche pas comme ça, cette histoire de chauffeur.

Je grommelle :

– Tu n'es pas mon chauffeur.

– D'accord, Milady. Comme vous voudrez, Milady, lâche-t-elle avec un accent britannique épouvantable.

Je prends mon téléphone et je lance une recherche, avant de conclure :

– Tu vas devoir attendre Jefferson City.

Kilomètre 51

Je suis déjà venue dans cette ville avec mes parents, mais pas dans ce quartier. Les lampadaires sont rares, clairsemés. On passe devant un magasin de fournitures de plomberie et une casse automobile avant d'arriver dans une minuscule zone commerciale. Il y a un bureau de crédit, un lavomatique et un restaurant chinois, tous fermés. L'établissement de prêts sur gages est dans un bâtiment miteux en stuc blanc surmonté d'un toit bleu. Dans la vitrine sale, on aperçoit quelques tableaux aux couleurs passées, des guitares poussiéreuses et un rocking-chair. Un carton peint à la main posé sur le coussin promet un service équitable. Le parking est vide. Pendant que Bailey se gare, je l'interroge :

– T'es déjà allée dans un de ces trucs ?

– Bien sûr ! J'ai une carte de fidélité, rétorque-t-elle en levant les yeux au ciel.

– Ne le prends pas mal. C'était juste une question. Je pensais juste que… Tu sais, les gens disent…

Bailey me lance un regard glacial.

– Quoi ? Qu'est-ce que les gens disent de moi, Veronica ? me défie-t-elle.

Je rougis.

– Rien. C'est sans importance.

Je sors de la voiture. Bailey me suit en grommelant.

À l'entrée, un panneau « Ouvert » émet une lueur rouge orangé. Je pousse la porte, qui résiste. Confuse, j'essaie d'actionner la poignée, sans plus de succès. Je panique. Si je n'arrive pas à vendre cette bague, adieu l'intervention. Va-t-on devoir ratisser les environs pour trouver un endroit ouvert ? Et si les prêteurs sur gages ferment le soir ? Si on doit attendre demain, on n'arrivera jamais à temps au Nouveau-Mexique. Je tire plus fort.

– C'est fermé. Comment c'est possible ?

Mes yeux s'emplissent de larmes.

– Et dire qu'ils t'ont acceptée dans une fac de l'Ivy League, ironise Bailey. Il ne devait pas y avoir des masses de candidats, cette année.

Je cligne des paupières, confuse, tandis qu'elle me montre du pouce une petite pancarte manuscrite : « Sonnez pour entrer ».

Gênée, j'appuie sur la sonnette. Un « buzz » retentit et la porte s'ouvre. Bailey m'invite à passer devant :

– Après toi.

La boutique est pleine de bric-à-brac du sol au plafond : guitares, batteries, fusils – beaucoup de fusils. Une odeur de poussière et de *White Diamonds* d'Elizabeth Taylor plane dans l'air. Une femme d'une soixantaine d'années aux cheveux carotte, avec un fard à paupières vert tilleul et un tee-shirt XXL orné d'un flamant rose en strass, feuillette paresseusement un ancien numéro de *Good Housekeeping*[1] derrière un comptoir en verre.

– Ouais ? lâche-t-elle sans cesser de lire son article : « Le régime détox 100 % cupcakes. »

– J'ai… euh, quelque chose à déposer.

Je retire la bague de Kevin pour la lui présenter.

– C'est ça.

La femme soupire et corne soigneusement sa page avant de fermer le magazine. Puis elle daigne enfin lever la tête. Elle plisse les yeux en découvrant la bague pincée entre mes doigts.

– Je ne la vois pas bien d'ici. Pose-la devant moi, s'il te plaît, ma grande.

Je jette un coup d'œil inquiet à Bailey, mais elle joue avec une guitare électrique bleu layette, qu'elle a branchée sur un vieil ampli défoncé. Je m'avance et je mets la bague sur le comptoir. La femme la regarde une demi-seconde, se rassied et rouvre son magazine.

– Désolée. Ça ne m'intéresse pas.

– Quoi ? Qu'est-ce qui ne va pas ? Elle est fausse ?

Sachant ce que Kevin a fait à nos préservatifs, je ne devrais pas être étonnée qu'il m'ait offert une bague en toc.

1. Équivalent de *Femme Actuelle*.

– Ha ! J'en étais sûre !

Bailey plaque un accord triomphant sur la guitare. Je me bouche les oreilles.

– Bailey ! Merde !

La femme lui lance un regard agacé. Bailey s'excuse à mi-voix et repose doucement l'instrument. La femme se tourne vers moi.

– Non. C'est une vraie.

Je pousse un soupir de soulagement. Au moins, la bague vaut quelque chose.

– Alors qu'est-ce qui ne va pas ?

Elle ferme son magazine et me regarde droit dans les yeux.

– Eh bien, ma chérie, si cette bague t'appartenait, ne devrais-tu pas savoir si elle est vraie ?

Mon air coupable la fait sourire. Je me justifie en marmonnant :

– C'est un cadeau.

– Mmh-mmh. Et quel âge as-tu ?

– Dix-huit ans.

– Bien sûr. Bonsoir, mesdemoiselles.

Elle repousse la bague vers moi.

– Non. S'il vous plaît…

Je la laisse sur le comptoir. Le temps presse. Je ne peux pas en perdre davantage en cherchant un autre endroit où la vendre. Il nous reste plus de mille cinq cents kilomètres à faire.

– Reviens avec tes parents, me propose la femme.

– Je ne peux pas.

– C'est bien le problème.

Elle m'a coincée, et elle le sait. À contrecœur, je récupère la bague.

– Elle doit absolument se faire avorter ! lâche soudain Bailey.

Je pivote comme une toupie.

– Bailey !

Elle hausse les épaules sans même penser à s'excuser. Les joues en feu, je me tourne vers la femme et je remarque la petite croix en or qui orne son cou. Génial ! Un silence gêné s'installe.

– C'est vrai ?

J'acquiesce en silence, incapable de prononcer un mot. Je me ratatine et j'attends que le ciel me tombe sur la tête, mais rien ne se passe. Si : on frappe à la porte vitrée.

– Bébé !

Bailey reconnaît Kevin et lève les bras en signe de triomphe.

– Tiens ! Un psychopathe !

– Oh non ! Pas lui..., je gémis.

– Arrêtez de frapper à cette fichue porte ! braille la femme.

Elle se tourne vers moi et m'interroge :

– Tu connais ce garçon ?

– Hélas, oui.

– C'est le propriétaire du spermatozoïde, ajoute Bailey.

– Je pense que vous avez plein de choses à vous dire. Si vous alliez discuter dehors ?

– Non !

Je prends une grande respiration et je lui déballe tout en bloc :

– Écoutez-moi, madame. J'ai obtenu une bourse pour étudier à Brown, et ça l'a contrarié que je n'aille pas à Missouri State avec lui. Alors, il a fait des trous dans les préservatifs pour que je tombe enceinte. Et tout à l'heure, il m'a proposé de l'épouser. Mes parents croient que je passe le week-end à réviser les examens de fin d'année avec mes amies. C'est ma dernière chance…

Quand je relève les yeux, l'expression de la prêteuse sur gages n'a pas changé.

– Pu-tain-de-merde.

Bailey me regarde avec des yeux écarquillés. Kevin frappe à nouveau à la porte.

– Qu'est-ce que tu fais là-dedans, mon cœur ? Sors ! Je t'aime !

Il continue à marteler la vitre de ses poings. Je recule le plus loin possible de lui. Bailey parvient à capter mon attention.

– Il n'y aurait pas une sortie par-derrière ? articule-t-elle du coin de la bouche.

Soudain, un « bzzz » retentit et la porte s'ouvre. La traîtresse derrière le comptoir retire le doigt du bouton. Kevin entre dans la boutique.

– Merci, m'dame.

Il se tourne vers moi.

– Veronica, pourquoi tu vends…

Les mots meurent sur ses lèvres. La prêteuse sur gages pointe un fusil de chasse géant sur lui. Elle a un regard glacial et ses mains ne tremblent pas.

– As-tu mis cette jeune fille enceinte exprès ?

– Quoi ? Je…

– As-tu-mis-cette-jeune-fille-enceinte-exprès ? répète-t-elle.

Kevin déglutit.

– Non, madame ! J'étais soûl !

La femme arme son fusil.

– Fous-moi le camp d'ici.

Kevin blêmit.

– Je m'en vais, m'dame. Pardon, m'dame.

Il recule vers la porte, les mains en l'air. Un instant plus tard, on entend son monospace crachoter et démarrer en trombe. La prêteuse sur gages range son fusil sous le comptoir, ouvre la caisse et plaque deux billets de cent dollars sur le verre. Ma gorge se serre. On est loin du compte. J'ai besoin d'au moins cinq cents dollars pour payer le médecin. Elle recommence à fouiller dans la caisse.

– Tu n'as rien contre les billets de vingt ? me demande-t-elle en continuant de compter.

Peu après, une énorme pile repose sur le comptoir vitré.

– Mille deux cents, ça devrait suffire.

Mon cœur bondit. C'est bien plus que ce à quoi je m'attendais.

– Quel flambeur, ce Kevin ! commente Bailey, impressionnée.

– Attention, tempère la femme. Je suis généreuse parce que tu as réussi à te trouver le pire boulet de tout le Missouri.

– Ah, vous êtes d'accord ! exulte Bailey en frappant dans la main de la femme.

Une minute plus tard, nous quittons le parking pendant que la prêteuse sur gages nous fait des signes d'adieu devant sa boutique.

– Bonne chance ! Faites attention à vous !

Kilomètre 117

Tout en conduisant, Bailey s'évente avec la liasse de billets.

– Je me sens dans la peau de Beyoncé !

Je regarde derrière nous pour la centième fois. Les centres commerciaux ont cédé la place à une bande de feuillage épais, ponctuée de poteaux téléphoniques et de quelques panneaux d'affichage. La quatre-voies épouse le relief des collines. La seule chose que l'on voit distinctement, c'est la bande d'asphalte éclairée par nos phares.

– Il n'est toujours pas là.

– Calme-toi, Veronica. Kev-le-fou ne nous a pas suivies. C'est impossible. Tu as vu sa tête quand la femme a armé son fusil ? Il doit être en train d'essayer de faire sécher son pantalon.

Je glousse.

– J'aurais dû prendre une photo.

– C'est fait.

Bailey me balance son téléphone. Sur l'écran, Kevin me regarde, la bouche entrouverte, les yeux écarquillés, avec un air délicieusement stupide. Je m'extasie :

– Incroyable ! Bailey, tu es la meilleure.

Je veux lui taper dans la main, mais elle me snobe. Je replie le bras, embarrassée, et je marmonne :

– Désolée de t'avoir menti.

– S'il te plaît. Tu crois vraiment que je m'intéresse aux dessous de l'histoire ?

– N'empêche. J'aurais dû te le dire.

– Je veux bien te pardonner, à une condition. Répète après moi : « Bailey, tu avais raison. Kevin est un enfoiré. »

– Ce n'est pas…

– Puis-je te rappeler une certaine histoire de préservatif troué ?

Je soupire. Je sais bien que c'est un sale con. Seulement, le dire tout haut reviendrait à admettre que j'ai eu tort de craquer sur lui. Que je me suis trompée. En même temps, Bailey risque de ne pas me lâcher. Le plus simple serait de lui céder pour avoir la paix.

– Tu as raison. Kevin est un enfoiré.

– Plus fort.

– Sérieux ?

– Plus fort. Je veux que le monde entier t'entende. Baisse ta vitre et sors la tête.

Je m'exécute en levant les yeux au ciel.

– Crie bien fort ! me commande-t-elle.

Je me penche par la fenêtre. Le vent gonfle mes

cheveux, mes yeux s'emplissent de larmes et je crie dans la nuit :

– BAILEY A RAISON ! KEVIN EST UN ENFOIRÉ !

Quand je me rassieds sur mon siège, essoufflée, les cheveux emmêlés, je me surprends à sourire béatement.

– Tu vois. Ce n'était pas si difficile.

– Ça m'a fait du bien. Je vais le refaire.

Je me penche à nouveau par la fenêtre.

– KEVIN EST UN PUTAIN D'ABRUTI !

Le vent m'arrache les mots de la bouche.

– UN ECTOPLASME DE CRÉTIN FOIREUX !

– Waouh ! Bravo ! Je retrouve ma copine. Attends. J'en ai une…

Bailey baisse sa fenêtre et se penche en tenant le volant d'une main. La voiture fait une embardée.

– UNE PINE D'HUÎTRE À FURONCLES !

Je ris et je hurle par la fenêtre.

– UNE PETITE BITE DÉGOULINANTE D'URINE !

– UN TOCARD DE TROUDUC !

– QUI NETTOIE SON PANTALON MERDEUX À L'ÉPONGE !

Nous reprenons notre souffle tant bien que mal entre deux fous rires.

– Un dernier. Ensemble, propose Bailey.

On sort chacune la tête par une fenêtre et on s'époumone :

– BLAIREAU DE MEEEERDE !

Puis on rentre dans l'habitacle en riant comme des folles.

– Il faut fêter ça, décide-t-elle.

– Fêter quoi ?

– Le fait qu'on est géniales.

– Si tu veux.

Bailey écarquille les yeux de surprise.

– C'est vrai ? Tu es d'accord ?

Je hoche la tête.

– Ouais.

Je fais taire la petite voix qui me conseille de continuer à rouler, de rester concentrée, de m'en tenir à notre plan. Mais je me sens pleine d'une énergie positive, et j'ai envie que ça continue. Alors, je répète :

– OK.

Bailey sourit.

– Je connais l'endroit parfait.

Kilomètre 227

– Ah non ! Jamais de la vie !

Je croise les bras, la mine butée, et je prends un ton autoritaire :

– Démarre.

– Non. Je suis passée ici des centaines de fois avec ma mère. J'ai toujours rêvé de m'arrêter.

Bailey s'est garée devant deux statues géantes en fibre de verre. Elles mesurent au moins quatre mètres de haut et se dressent sur un lit de gravier, au milieu d'un champ d'herbes hautes qui s'agitent doucement dans la brise nocturne, derrière une clôture en grillage rouillé. Il y a un éléphant rose et une vache noir et blanc. Un écriteau annonce : « Le plus grand éléphant et la troisième plus grande vache de l'État ! »

– J'ai dit non. On peut repartir ?

– Détends-toi. On les escalade et on y va.

J'inspire à fond et je m'efforce de prendre le ton raisonnable et apaisant des négociateurs de prise d'otages :

– Tu n'as peut-être pas remarqué, mais on ne peut pas entrer. Les animaux sont derrière un grillage, et il y a un panneau avec les horaires d'ouverture. C'est fermé depuis plusieurs heures.

– S'il te plaît ! Imagine la vue qu'on doit avoir de là-haut.

– On est au milieu de la nuit, Bailey. Il n'y a rien à voir.

– Si. Les étoiles.

Je secoue la tête.

– En plus, c'est n'importe quoi. Pourquoi ont-ils mis un éléphant à côté d'une vache ? Un éléphant et un lion, je comprendrais. Ou une vache et un cochon. Mais un éléphant et une vache, c'est débile !

– C'est tout l'intérêt.

Bailey s'anime. Ses yeux pétillent d'excitation.

– Ça n'a aucun sens. C'est pour ça que c'est génial. Allez, viens ! Je prends l'éléphant.

Elle détache sa ceinture et ouvre la portière. Je l'attrape par le bras pour l'empêcher de sortir.

– Non !

– Quoi ? Qu'est-ce qu'il y a ?

– C'est une propriété privée, Bailey. Je ne veux pas me faire arrêter. Je dois aller à Albuquerque, rappelle-toi…

J'espère un bref instant qu'elle va céder. Mais elle hausse les épaules.

– T'inquiète. On ne fera pas de bruit.

Elle se dégage et claque la portière. Je me rassieds et je réfléchis : qu'est-ce que je fais ? Je la rattrape, je la plaque au sol et je la traîne jusqu'à la voiture ? Ou je prends le volant et je la plante ici ? J'avoue que c'est tentant.

Les gravillons du parking crissent sous les pas de Bailey. Elle s'arrête devant le portillon. A-t-elle changé d'avis ? Non, elle s'est juste arrêtée pour retirer sa veste. Elle la jette par terre et commence à grimper. Je ne peux pas la laisser faire. Si elle se fait choper, tout est fichu. J'ouvre ma portière, je sors de la voiture et je fonce vers la clôture. Comme je n'ose pas crier, je chuchote de toutes mes forces :

– Bailey ! Descends de là !

– D'accord ! me lance-t-elle joyeusement.

Elle saute par-dessus la clôture et retombe lourdement de l'autre côté. Le grillage vibre. De plus près, je me fais une meilleure idée de la taille des statues. Elles nous surplombent, tels deux paquebots de croisière sur un océan d'herbe. Je ne vois pas de marches ni d'échelle. Comment Bailey compte-t-elle grimper là-haut ?

J'ai ma réponse un instant plus tard, lorsqu'elle commence à escalader l'éléphant. Plaquée contre la trompe, telle une espèce de Spiderman dément, elle se hisse vers le haut en grognant. Je voudrais détourner le regard, mais je n'y arrive pas. Je suis sûre qu'elle va glisser et tomber d'une seconde à l'autre, et c'est moi qui vais devoir appeler le Samu et expliquer ce qu'on fait là. Je me vois déjà patienter dans la salle d'attente d'un hôpital miteux en attendant de savoir si Bailey a des chances de sortir du coma. La police viendra m'arrêter pour violation de propriété et je devrai appeler mes parents pour leur expliquer ce que je fabrique à deux cent cinquante bornes de chez moi, avec une fille à qui je n'ai pas adressé la parole depuis plusieurs années, au lieu d'être en week-end avec mes vraies amies. Je passerai la nuit dans une cellule qui pue la pisse avec une folle surnommée Marge l'ivrogne, et mes parents viendront me délivrer au petit matin. Ils découvriront mon secret, je perdrai ma bourse d'études et je serai obligée de vivre chez eux, mère célibataire, jusqu'à la fin de mes jours. Mon seul plaisir sera de pouvoir acheter mes plats surgelés préférés à moitié prix au supermarché où je bosserai comme caissière. Et tout ça, parce que Bailey a insisté pour escalader ce fichu éléphant rose.

– OK, c'est bon. Je m'en vais.

Je rebrousse chemin vers la voiture.

– Ta-daaa !

Je me retourne et je manque de m'étrangler. Pendant que je ruminais mes pensées, Bailey est arrivée au sommet de la statue. Elle est perchée sur la tête de l'éléphant et écarte les jambes pour garder l'équilibre. Sa silhouette noire se découpe sur le ciel gris.

– Alors, tu viens ? me lance-t-elle.

J'hésite. Perchée là-haut, les cheveux dans le vent, Bailey a la classe. Elle est tellement libre. Je songe avec un pincement au cœur que je ne me suis jamais autorisé une telle insouciance. J'ai toujours eu trop d'ambitions, trop d'obligations. Si j'escaladais cette vache, mes freins disparaîtraient-ils comme par enchantement ? Debout entre ses cornes, entre les champs et le ciel, est-ce que je me sentirais enfin libre ?

Je fais un pas vers le portillon. Le gravier crisse sous mes semelles. Je saisis le grillage. Le métal froid et lisse m'entaille la main.

– Et merde ! Saletés de nuages ! Je vois que dalle !

Je lève la tête. Bailey saute sur le dos de l'éléphant en maudissant le ciel.

– Allez-vous-en, les nuages ! Pschitt !

Je l'implore :

– Bailey ! Chut !

– Je veux voir les étoiles ! gémit-elle.

Un chien aboie. Puis un autre.

– Bailey !

– C'est nase ! peste-t-elle.

– Arrête d'engueuler le ciel et regarde en bas ! Tu vois des chiens ?

Bailey pivote sur son éléphant. Elle scrute le champ.

– Oh, lâche-t-elle simplement.

– Bailey ?

Ma voix monte dans les aigus.

– Euh, oui, confirme-t-elle. Il y a des chiens qui courent vers nous.

Je déchiffre un écriteau fixé sur la clôture qui avertit : « Attention aux chiens ». Le dessin d'un rottweiler m'apprend que ce ne sont pas une paire de golden retrievers qui courent vers nous.

– Descends. Vite !

– J'essaie !

Bailey rampe tant bien que mal sur la tête de l'éléphant et se laisse descendre le long de la trompe. Ses mains glissent. Elle dérape sur plusieurs mètres.

– Waouh. C'était plus facile de monter…

– Dépêche-toi !

Les chiens vont arriver d'une seconde à l'autre. J'entends déjà leurs pattes marteler la terre et leurs aboiements furieux se rapprochent.

– Démarre la voiture ! me crie-t-elle.

Excellente idée ! Le soulagement m'envahit. Bailey maîtrise la situation.

J'ai quasiment rejoint la Chevrolet quand le petit défaut de son plan m'apparaît.

– C'est toi qui as les clés !

– Ah, ouais.

Agrippée à la trompe d'une main, Bailey fouille dans sa poche et en sort un trousseau scintillant. Elle prend son élan et me le lance. Il survole la clôture et atterrit dans le gravier. Je me précipite pour le ramasser, quand la réalité me rattrape :

– Je ne sais conduire que les voitures automatiques.

Dans l'obscurité, j'imagine Bailey lever les yeux au ciel.

– OK. Enfonce la clé de contact et ne touche plus à rien ! me conseille-t-elle.

– Hé, vous, là ! tonne une voix grave de l'autre côté du champ.

Les fenêtres d'une ferme s'allument.

– J'appelle les flics.

– Merde ! crie Bailey. Ça chauffe.

Elle se balance sur une défense de l'éléphant, les jambes dans le vide. Incapable de détourner le regard, je la fixe, bouche bée. Cette fois, elle lève vraiment les yeux au ciel.

– Pourquoi tu me regardes comme ça ? Monte dans la voiture !

Je me précipite dans la Chevrolet et je tâtonne avec fébrilité pour insérer la clé de contact. Derrière le pare-brise, je vois Bailey sauter et courir vers la clôture au moment où deux bergers allemands jaillissent des ténèbres. Elle se jette sur le grillage et l'escalade, tandis que les mâchoires des chiens claquent sous ses talons. Elle atterrit lourdement de l'autre côté, puis fonce vers la voiture, laissant les molosses se déchaîner. Elle oublie sa veste dans la poussière.

– Pousse-toi ! crie-t-elle.

Je plonge sur le siège du passager à la seconde où elle se rue à l'intérieur. Elle claque la portière et démarre sans prendre la peine d'attacher sa ceinture. Je risque un coup d'œil dans le rétroviseur. La silhouette d'un homme se découpe derrière le portillon. Il agite le poing. Au même instant, mon téléphone sonne et je sursaute. Je sors le portable de ma poche et je découvre un texto.

Maman : Tu es bien arrivée à la cabane ?

J'étouffe un rire hystérique. Bailey me regarde.

– Quoi ?

Je lui montre le SMS. Elle renifle, puis hoquette. L'instant d'après, on rit aux larmes.

On finit par se calmer. Pendant un kilomètre ou deux, on n'entend plus que le bruit de nos respirations. Et soudain, une vague de colère me submerge. Je me tourne vers Bailey.

– Tu as failli tout gâcher !

Kilomètre 275

Bailey hausse les épaules.

– Allez, arrête de faire la gueule. C'était drôle. On a bien ri.

– Ce n'est pas du rire ! C'était de l'hystérie !

Je sais que je suis de mauvaise foi, mais c'est plus fort que moi. Et la nonchalance de Bailey m'horripile encore plus.

– Moi aussi, je suis déçue, marmonne-t-elle. Tu t'es dégonflée. Au lieu d'admirer un ciel étoilé, je n'ai vu que des nuages. Et maintenant, j'ai l'intérieur des cuisses qui me brûle.

– Je m'en fiche de tes étoiles !

Bailey fronce les sourcils, perplexe.

– Avoue qu'on s'est fait un plan de ninjas. Moi avec la course, l'escalade et le saut. Toi, quand tu as récupéré les clés, et quand tu as essayé de démarrer la Chevrolet. Enfin, c'était surtout moi, la ninja. Mais quand même, tu ne t'es pas amusée un peu ?

– Bien sûr que n…

Je m'interromps. À quoi bon lui mentir ? Après tout, on s'en est bien tirées. Et c'est vrai que j'ai eu l'impression de jouer dans un film d'action. Je me livre à une rapide introspection. Est-ce que je ne saurais pas m'amuser ? J'ai dix-sept ans. Je ne manque pas d'amis, j'ai un petit ami que je trouvais génial, hier encore. Je suis relativement populaire, et même si je ne suis pas totalement déjantée, on ne peut pas dire que je sois spécialement coincée. Ça m'est forcément déjà arrivé de m'amuser, non ?

Bailey brandit son téléphone.

– Regarde, j'ai fait un selfie !

Elle a pris la photo quand elle était juchée sur l'éléphant. On la voit au premier plan, avec un sourire jusqu'aux oreilles, le visage illuminé par le flash. En bas, les bras croisés, je suis minuscule et j'ai l'air furibond. C'est nul. J'aurais pu être là-haut, en train de sourire à côté de Bailey.

– Elle est chouette, cette photo, dis-je.

Bailey regarde le tableau de bord et fronce les sourcils.

– On est presque à sec. Il faut s'arrêter pour faire le plein.

Agacée à l'idée de devoir faire une nouvelle halte, je consulte mon téléphone.

– Il y a une station-service à une dizaine de kilomètres d'ici.

– Tu crois qu'il y a une boutique ?

– Je ne sais pas. Sûrement.

– Super ! Parce qu'on a mille deux cents dollars en

liquide, et que je meurs d'envie d'en claquer un peu. À nous la grande vie !

Éblouie par la lumière agressive des néons, je regarde Bailey amasser des brassées de chips, de biscuits et de bonbons dans les allées. Elle fonce à la caisse, les jette sur le comptoir, et retourne s'approvisionner.

– C'est ça, la grande vie ?

Elle hausse les épaules.

– Je ne suis pas compliquée, comme fille.

L'instant d'après, elle s'extasie :

– Oooh ! des Pringles !

Elle prend tous les tubes qu'elle est capable de porter et court à nouveau vers la caisse. Après avoir affronté Kevin, crié ma haine dans la nuit et échappé aux bergers allemands, mon excitation est retombée.

– Allez, Bailey. Il nous reste mille trois cents kilomètres de route. Ne traînons pas…

– D'accord. Je prends juste un dernier truc…

– Tu as déjà acheté la moitié du stock. Viens, on y va.

– Non. J'ai besoin d'une dernière chose pour que ce soit vraiment exceptionnel.

Elle court au fond de la boutique. Je devine ses intentions.

– Pitié, Bailey, pas du cannabis synthétique ! Et ne compte pas sur moi pour t'accompagner. Tu n'as pas vu les infos ? C'est bourré de produits chimiques hyper toxiques. Tu te fiches peut-être de cramer ton cerveau, mais pas moi.

Au lieu du sachet d'herbe de synthèse auquel je m'attendais, Bailey revient avec deux glaces géantes. La culpabilité m'envahit.

– Myrtille-cerise, avec une pointe de Coca... Tu t'es souvenue de notre cocktail préféré !

– Ben ouais. Mais c'est plein de produits chimiques, alors je comprendrais que tu ne veuilles pas esquinter ton précieux cerveau.

– Bailey...

Elle me tend un gobelet.

– À toi de voir. Allez, en route.

Je presse le gobelet contre ma poitrine. La condensation traverse ma chemise. Encore un moment gâché.

Nous roulons en silence en regardant défiler les lumières de l'autoroute. Tandis que Bailey se goinfre de chips, l'air maussade, je contemple la glace qui fond entre mes genoux. À l'école primaire, on s'en achetait chaque jeudi après les cours, et quasiment tous les jours en été. On les avalait à toute vitesse, et c'était à la première qui aurait la gorge engourdie. Et on prenait des photos de nos langues bleues. C'était notre truc.

– On peut aller à Roswell, tu sais...

Bailey enfourne une nouvelle poignée de chips.

– Je sais.

– Tout à l'heure, je t'ai menti quand j'ai dit que je voulais bien. Mais maintenant, je suis sincère. Quoi qu'il arrive, on ira.

Bailey arrête de mastiquer et se tourne vers moi, rayonnante.

– Sérieux ?

Je hoche la tête en souriant.

– Sérieux.

– Génial !

Elle lâche le volant et brandit les poings en l'air. La voiture mord sur la voie d'en face. Je me dépêche de redresser sa trajectoire.

– Essaie de garder au moins une main sur le volant, dis-je.

Bailey est trop excitée pour m'écouter.

– Tu ne le regretteras pas ! Quand tout ça sera fini, tu ne te souviendras même pas que c'est le week-end où tu t'es fait avorter. Ce sera le week-end où tu as vu l'endroit où ces putains d'extraterrestres ont atterri sur cette putain de Terre !

– Si tu le dis…

Ça ne m'intéresse pas franchement, mais l'enthousiasme de Bailey est communicatif.

– Merde ! s'exclame-t-elle soudain.

– Quoi ?

– Rien, répond-elle, les yeux rivés sur le rétroviseur.

– C'est Kevin ?

Je m'enfonce dans mon siège sans oser me retourner.

– Mais non. Ça fait des siècles qu'on l'a semé.

– Alors, qu'est-ce qu'il y a ?

En me retournant, j'aperçois des phares derrière nous, assez loin. Je ne comprends pas ce qui l'a effrayée. Puis je reconnais la silhouette familière du véhicule.

– Euh, Bailey… Il y a une voiture de police derrière nous.

– Mmh.

Elle tourne brusquement le volant et prend la bretelle de sortie.

– Qu'est-ce que tu fabriques ? Pourquoi tu quittes l'autoroute ?

– Détends-toi.

– Dis-moi ce qui se passe !

Bailey accélère dans une rue sombre et déserte. À l'approche d'une petite aire de stationnement, elle freine et jette un nouveau coup d'œil dans le rétro.

– Merde, il nous suit. Attends, j'éteins les phares.

Elle s'exécute aussitôt et les ténèbres nous engloutissent.

– Bailey ! Qu'est-ce que tu fais ?

J'essaie d'imaginer toutes les raisons qu'elle pourrait avoir de craindre la police, quand elle tourne brusquement dans le parking sombre et coupe le moteur.

– Baisse-toi.

Elle appuie sur ma tête pour me faire disparaître sous le tableau de bord.

– Bailey, qu'est-ce qui se passe ?

– Chut !

Elle lève légèrement la tête et regarde à travers la vitre. Je l'imite. La voiture de police nous dépasse, tourne à gauche et reprend la direction de l'autoroute. Bailey pousse un soupir de soulagement.

– Eh ben… J'ai failli me pisser dessus, dit-elle en ouvrant un paquet de petits-beurre.

– C'était quoi, ce délire ?

Elle me regarde, perplexe.

– De quoi tu parles ? Allez, on est reparties ! Les avortements et les extraterrestres nous attendent !

Bailey met le contact. Je coupe le moteur.

– On ne partira pas tant que tu ne m'auras pas dit pourquoi tu as peur des flics.

– Je n'ai pas peur. Il faut juste être plus prudentes sur la route.

– Tu as ton permis, rassure-moi.

Elle vient au lycée en voiture, mais la connaissant, ça ne prouve rien.

– S'il te plaît…

Elle me lance son portefeuille. Je sors le permis.

– Tu t'appelles Rhonda et tu as vingt-quatre ans ?

– Ah, désolée.

Bailey reprend le portefeuille, farfouille dedans et me tend une autre pièce d'identité. Je l'approche de la lumière et je l'examine attentivement.

– Il a l'air vrai.

– Et pour cause. On peut y aller, maintenant ?

Soudain, je comprends. Un frisson parcourt ma colonne vertébrale. J'ouvre la boîte à gants.

– Qu'est-ce que tu fais ? me demande Bailey, soudain inquiète.

Je réponds d'une voix glaciale :

– À ton avis ? Je cherche la carte grise.

Elle essaie de m'empêcher de fouiller dans le réduit.

– Elle n'est pas là, affirme-t-elle.

– Et ça, c'est quoi ?

J'agite un bout de papier. Bailey essaie de me l'arracher des mains, mais j'ai le temps de le déchiffrer. Mes soupçons se confirment :

– Cette voiture est au nom de Travis Crawford.

– Ouais, et alors ? Je t'ai dit que le copain de ma mère me l'avait donnée. Il n'a pas encore fait les papiers.

– Bailey…

– Bon, disons qu'il me la prête.

– Bailey…

– OK. Ma mère et lui ont rompu. Son truc, c'était de faire flipper des étudiantes sur Tinder. Ce connard est de garde à la caserne des pompiers tout le week-end, et il n'a pas déménagé ses affaires. C'est ma petite vengeance personnelle.

– Tu lui as volé sa voiture.

– Plus ou moins. On a travaillé ensemble dessus. Et un jour, après avoir bu plusieurs bières, il a insinué qu'il me la donnerait peut-être un de ces quatre. De toute façon, on l'aura rapportée avant son retour. Mais maintenant, tu comprends pourquoi je ne voulais pas me faire arrêter.

– C'est une voiture volée !

– Tu ne connais pas l'expression : « possession vaut titre » ?

J'explose :

– Tu me rends complice d'un délit !

– Allez. C'est un *road trip*. On ne pouvait pas faire ça dans ma Camry pourrie.

– Non. Non non non non non non.

C'est bien pire que de sauter par-dessus une clôture. On a trois mille kilomètres à faire, aller et retour ; on va forcément croiser des flics. Et si Travis déclare le vol de sa voiture ? Je ne veux pas finir en prison parce que Bailey est convaincue qu'on ne peut pas faire de *road trip* dans une Camry ! J'aurais dû me fier à mes premières impressions. Cette fille est folle. J'ouvre ma portière et je sors. Elle me suit.

– Hé, reviens ! J'ai enfreint la loi pour toi. Tu devrais me remercier.

Je marche de long en large, furieuse.

– Je ne sais même pas pourquoi je suis étonnée. Ça te ressemble tellement, de voler une voiture !

– Whoa ! Jusqu'à aujourd'hui, je n'avais volé qu'un tee-shirt. Bon, avec le mannequin de présentation, en fait. Mais c'était juste pour le tee-shirt.

– Je m'en fiche, Bailey ! Tout est foutu !

– Mais non. Je vais respecter les limitations de vitesse et conduire prudemment. Et puis, si jamais on se fait arrêter, ça dédramatisera un peu cette histoire de grossesse, non ?

Elle se plante devant moi, les mains dans les poches, l'air nonchalant. J'ai envie de la secouer comme un prunier.

– Voilà ! C'est exactement pour ça qu'on n'est plus amies.

Le sourire de Bailey disparaît.

– Euh… On n'est plus amies parce qu'à la seconde où tu as mis les pieds au lycée, tu as décidé que je n'étais plus assez bien pour toi.

– Ce n'est pas vrai ! Je t'ai invitée à ma fête d'anniversaire en troisième. Tu t'es sifflé une bouteille d'amaretto et tu as vomi sur mon gâteau d'anniversaire.

Au lieu de s'excuser, Bailey me décoche un sourire narquois.

– Personne n'aime les carrot cakes, de toute façon.

– Moi oui ! Comment voulais-tu que je reste ton amie ?

– Mes parents divorçaient ! Désolée de ne pas être aussi parfaite que toi !

Bailey crie à son tour, comme si ma colère était communicative.

– Tu as complètement changé !

– Toi aussi !

– Peut-être, mais je ne suis pas devenue sinistre et bizarre !

Ce soudain accès de fureur m'a coupé le souffle. Bailey me regarde bizarrement.

– Quoi ? Qu'est-ce qu'il y a ?

Je plisse les yeux, confuse.

Elle pointe un doigt sur mon pubis.

– Regarde.

J'obéis. Une substance sombre et humide s'étend sur mon jean. Je touche. J'ai les doigts rouges. Je les contemple, en état de choc.

– C'est du sang.

Kilomètre 307

– Je n'y crois pas ! Je suis sauvée !

Je me précipite dans les toilettes des filles et je cligne des yeux, aveuglée par les néons. Je m'engouffre dans la première cabine, je claque la porte, et je baisse mon pantalon en chantonnant :

– C'est les plus belles règles de ma vie !

Bailey m'a suivie.

– On n'est pas obligées d'écourter le week-end, si ? me demande-t-elle derrière la porte. On peut toujours aller à Roswell ?

– Oh non.

Je fixe ma culotte, incrédule.

– Ça va ? Tu as besoin d'une serviette hygiénique ?

– Putain, mais c'est n'importe quoi !

– Quoi ? Qu'est-ce qu'il y a ?

Je sors du cabinet en coup de vent, je fonce vers le lavabo et j'ouvre le robinet. Puis j'attrape une poignée de serviettes en papier, je les passe sous le robinet et je frotte mon pantalon.

– C'est de la glace !

Dans la lumière crue des toilettes, la méprise n'est plus possible. J'ai dû renverser mon gobelet sur ma cuisse, probablement quand Bailey a accéléré pour échapper au flic. Je frotte frénétiquement mon jean, les larmes aux yeux. Bailey reste à l'écart, les bras ballants, mal à l'aise.

– Dommage.

– Ouais, dommage.

Je cligne des yeux pour ne pas pleurer.

Je fais une boule avec les essuie-mains, je les jette dans la poubelle et je quitte les toilettes, trempée, une tache rouge sur mon pantalon. Décidément, je touche le fond, ce soir.

– Salut, mon bébé !

Je pousse un cri d'effroi en voyant Kevin debout dans la flaque de lumière jaune d'un lampadaire voisin, une douzaine de roses rouges dans les bras. Bailey sort des toilettes derrière moi et se fige. Elle lève les bras.

– Psycho…

J'intercepte son geste et je chuchote fiévreusement :

– Il est entre nous et la voiture. Qu'est-ce qu'on fait ?

J'évalue la situation. Le monospace est garé juste à côté de la Chevrolet, et Kevin est au milieu du chemin. Une quinzaine de mètres sépare les toilettes de la voiture. En courant, c'est peut-être jouable…

– Je veux juste te parler, mon trésor. Regarde, je t'ai apporté des fleurs !

Kevin agite son bouquet comme s'il essayait de convaincre un chien de venir manger une friandise.

– Même si on arrive à monter dans la voiture, il nous suivra, murmure Bailey.

– Comment nous a-t-il retrouvées ?

– On verra ça plus tard. Pour l'instant, il faut saboter sa bagnole.

– Si tu as toujours ton canif avec le nom de Bryant Armstrong gravé sur la lame, on peut crever ses pneus.

Bailey me regarde, perplexe.

– De quoi tu parles ?

– Tu n'as pas acheté un couteau et fait graver le nom du quarterback dessus ? Parce qu'il t'avait énervé ou je ne sais plus quoi ?

– Euh, non… Je ne suis pas une psychopathe.

Un immense sourire illumine son visage.

– C'est ce qu'on dit de moi ? Waouh ! Ça déchire !

– Ouais. Dommage que tu ne sois pas à la hauteur de ta réputation. Qu'est-ce qu'on fait ?

– Cours t'enfermer dans les toilettes et occupe-le jusqu'à ce que je t'appelle.

– Tu as un plan ?

– Pas encore. Maintenant, file.

Bailey s'élance vers la Chevrolet. Kevin pivote pour la suivre du regard, puis sourit en voyant que je reste seule. Avant qu'il se décide à bouger, je me réfugie dans les toilettes et je claque la porte. Je tire le loquet et je m'adosse contre le battant, haletante. Quelques secondes plus tard, Kevin frappe contre la paroi.

– S'il te plaît… Je veux juste te parler.

Je suis piégée, mais au moins, il ne peut pas entrer.

– Va-t'en, Kevin.

Sa voix étouffée résonne de l'autre côté :

– Tu paniques, c'est compréhensible. Tes hormones sont complètement détraquées.

Une rose aux pétales meurtris apparaît sous la porte. Je la considère avec dégoût.

– Écoute, je ne t'en veux même pas d'avoir vendu ma bague, poursuit-il en glissant une nouvelle fleur sous la porte. Tu es énervée, je peux le comprendre.

Une troisième rose apparaît.

– Je suis juste venu m'excuser.

Deux roses en même temps, cette fois.

– Regarde… Je t'ai acheté une fleur pour chacun des trous que j'ai faits.

Une sixième rose glisse sous la porte. Puis une septième. Je les piétine comme si c'étaient des tentacules d'extraterrestre.

– Je ne veux pas de tes fleurs ! Fiche le camp !

– Je vois bien que tu essaies de te venger en claquant l'argent de ma bague avec Bailey Butler, mais c'est sérieux. Il faut qu'on trouve une solution.

Je me mords la lèvre. Je ne sais pas si j'ai envie de rire ou de pleurer.

– Tu crois que j'utilise l'argent pour… faire la fête ?

– Qu'est-ce que tu ferais avec Bailey, sinon ?

Une nouvelle rose glisse sous la porte. C'en est trop.

– JE VAIS ME FAIRE AVORTER, KEVIN !

Silence. Le défilé des roses cesse. Je lui déballe tout d'un bloc :

– Je vais me faire avorter dans une clinique au Nouveau-Mexique. Alors, va-t'en. Tu es débarrassé. Ce n'est plus ton problème.

Il ne mérite pas de s'en sortir aussi facilement, et j'ai un goût amer dans la bouche en le déchargeant de ce fardeau. L'idée qu'il va passer le week-end chez lui devant des jeux vidéo pendant que je traverse cette épreuve me révolte. Mais l'imaginer près de moi me répugne encore plus.

J'entends ses pas s'éloigner. C'est trop beau pour être vrai !

Un grincement métallique me fait lever la tête. Sur le mur du fond, près du plafond, il y a une petite fenêtre destinée à l'aération. La vitre se soulève. Une rose apparaît dans l'ouverture et tombe par terre. La vitre achève de coulisser et d'autres roses tombent sur le béton sale. Une main empoigne l'appui de fenêtre. Puis une autre. Les pieds de Kevin raclent le mur et il grogne sous l'effort. Je panique :

– Bailey ? Ton plan se précise ?

Pas de réponse. Avec effroi, je constate que Kevin a réussi à se hisser jusqu'à l'ouverture. Il entre les bras, puis la tête par la fenêtre. Il a le front plissé, l'air désemparé.

– Tu ne peux pas avorter, mon trésor. C'est mon bébé, à moi aussi.

Son… bébé… aussi ? J'ai envie de ramasser toutes les roses qui traînent par terre et de les lui balancer à la figure. J'ai envie de lui hurler qu'il ne m'a pas laissé le choix, et que je n'ai pas à le consulter, moi non plus. Mais la seule chose que je parviens à articuler, c'est :

– BAILEY !

Des coups de poing font trembler la porte du cabinet.

– On y va ! me crie-t-elle.

Mon cœur s'emballe. Je tire le verrou et j'ouvre le battant. Bailey m'attend de l'autre côté.

– Vite !

On fonce vers la voiture.

– Ma chérie ! Ce n'est pas juste ! crie Kevin.

Je l'entends glisser de la fenêtre et atterrir lourdement. Il s'élance derrière nous. J'ouvre la portière et je saute sur mon siège. Bailey s'assied à son tour et démarre. Elle enclenche la marche arrière juste au moment où Kevin nous rattrape. Ses mains claquent sur le hayon arrière lorsque nous reculons. Il trébuche et tombe. Bailey passe la première. Nos feux arrière illuminent sa silhouette accroupie.

– Attends ! Tu veux rompre, ou quoi ? pleurniche-t-il.

Il se relève et se précipite vers sa voiture. Bailey freine et se gare. Je m'affole :

– Pourquoi tu t'arrêtes ?

– Regarde !

Le monospace de Kevin est stationné de l'autre côté du parking. Il est au volant, mais le moteur est à l'arrêt.

– J'ai truffé son réservoir de chewing-gum, de M&M's et de Surf Fizz, exulte-t-elle.

Je remarque soudain que les friandises ont disparu de la banquette arrière. Il ne reste que quelques emballages.

– J'ai aussi versé du granité sur ses sièges, puis je les ai tapissés de Pringles et de chips émiettés. Mais c'était juste un petit bonus.

Kevin sort de son monospace. En voyant notre voiture garée dans la pénombre, il braille :

– Bailey Butler, tu es une salope !

– Ma légende s'étoffe ! glousse Bailey, ravie, mais son sourire est plein de tristesse.

Elle démarre et quitte le parking. Mon cœur bat la chamade.

– Je ne comprends pas comment il nous a trouvées. Il doit avoir une sorte de traceur... peut-être dans la voiture... Ou alors, il utilise les satellites... ou... ou...

– Ton téléphone ?

Je pique un fard. Quelle idiote ! J'ai lancé Snapchat et activé le mode fantôme. J'ai juste oublié que j'avais partagé ma position avec lui.

– Ou ça pourrait être un satellite, dit Bailey, impassible.

On roule un moment en silence, puis elle reprend :

– Écoute, si on a des problèmes à cause de la voiture, j'assumerai tout. Promis. À moins que tu veuilles revenir en arrière et déposer une liste de naissance chez Buy Buy Baby ?

Je ne peux pas m'empêcher de sourire.

– Roule !

– Bien. Parce que je ne me suis pas autant amusée depuis que j'ai pris du LSD pendant notre excursion au musée Laura Ingalls Wilder.

Sur ces mots, Bailey monte le son, écrase l'accélérateur et rejoint l'autoroute sur les chapeaux de roues.

Kilomètre 308

– Gare-toi.

– Pourquoi ?

– J'ai oublié de faire pipi quand on était à l'aire de repos.

Kilomètre 339

– Franchement, Bailey… Kelly Clarkson ? Je croyais que tu n'aimais que le métal ?

– Chut. Écoute…

Kilomètre 467

– OK. Ça suffit ! On a écouté tout l'album. On peut arrêter Kelly Clarkson ?

– Je n'arrêterai jamais Kelly Clarkson.

Kilomètre 529

– Je suis vraiment pas d'humeur pour Kelly Clarkson.
– Je te crois pas.

Kilomètre 550

– Enfin. Merci.

Kilomètre 552

« BUT SINCE YOU BEEN GONE
I CAN BREATHE FOR THE FIRST TIME
I'M SO MOVING ON
YEAH, YEAH »

Kilomètre 585

– J'ai encore envie de faire pipi.

Kilomètre 828

Je me réveille en sursaut quand la voiture quitte l'accotement et revient sur la chaussée.

– Désolée, dit Bailey en se frottant les yeux. Je me suis assoupie une seconde. J'ai besoin d'un café.

Je me remets soigneusement en position verticale et je me masse la nuque. J'ai un début de torticolis. Je cligne des yeux plusieurs fois dans l'espoir de m'éclaircir les idées.

– Tu n'as pas bu trois Red Bull à la station-service ?

– Si. Mais ça, c'est juste un vendredi soir normal, pour moi.

Je sors mon téléphone en imaginant les entrailles de Bailey, rongées par l'acide.

– Il y a une ville à un peu plus de quatre-vingts kilomètres d'ici avec un resto ouvert toute la nuit.

– Mmm. Des pancakes…, dit-elle avec gourmandise.

– Non, pas de pancakes. Juste du café. À emporter.

Bailey soupire.

– Tu es une maîtresse cruelle.

Pendant que je dormais, j'ai reçu une série de messages des filles. Des photos de piles de *junk food*. Un plan flou sur un écran de télé où l'on voit Ryan Gosling, la mine effondrée. Des selfies souriants. Elles s'amusent bien sans moi. Je ne m'attendais pas à ce qu'elles se morfondent en mon absence, mais les voir aussi heureuses me fait un pincement au cœur.

J'essaie de chasser ces pensées négatives, mais c'est une véritable avalanche. Peut-être que je ne compte pas autant que je le pensais pour elles. Elles n'ont visiblement pas besoin de moi pour passer un bon moment. Je ne suis pas si importante que ça, en fait. Elles faisaient juste semblant de m'aimer parce que je suis plus populaire qu'elles. Elles parlent de moi. Elles sont contentes que je ne sois pas là, parce qu'elles sont jalouses de moi. Puis une pensée encore plus terrifiante me frappe : si elles sont comme ça quand elles pensent que je passe le week-end dans les bras de mon petit ami, comment réagiraient-elles si elles apprenaient ce que je fais vraiment ?

Bailey me regarde, intriguée.

– Ça va ?

– Ouais. Bien sûr !

Je souris, mais ma voix sonne faux, haut perchée. Je fouille dans le sac poubelle à mes pieds. J'ai une idée. Bailey continue à me surveiller.

– Ah. Parce que si tu as besoin de parler, ou quoi que ce soit…

Je relève la tête. C'est à mon tour d'être confuse.

– Parler ?

– Ouais. Tu sais... Si tu as peur, je ne sais pas...

Je comprends enfin. Elle parle de l'intervention.

– Ah. Ouais. Merci. Non. Ça va.

Je recommence à fouiller dans la poubelle et je trouve enfin ce que je cherchais : une bouteille d'eau à moitié pleine. Je dévisse le capuchon, j'en verse un peu dans ma main, et je me frotte la racine des cheveux. Bailey est de plus en plus perplexe.

– Qu'est-ce que tu fais ?

– Rien.

Je déboutonne ma chemise. Bailey sursaute. La voiture fait une embardée.

– Hé, ce n'est pas une voiture de nudistes !

– Détends-toi. J'en ai pour une seconde.

Je cherche le bon cadrage, un arrière-plan neutre et sombre. Je m'assure que le flash est sur « on ». Puis, après avoir ajouté quelques gouttes d'eau sur mon visage et mon buste, j'éloigne le téléphone au maximum et je prends la photo. J'étudie soigneusement le résultat. Le fond est noir. Des gouttelettes d'eau brillent sur mon visage et mes épaules nues. J'ai l'air mouillée et légèrement en sueur. Ce n'est pas un chef-d'œuvre, mais ça fera l'affaire.

Moi : Vous vous amusez bien, on dirait ! Mais avez-vous un jacuzzi ? 😋

Mon téléphone bipe immédiatement.

Emily : Ahhhh ! Je suis trop jalouse !

Jocelyn : C'est pas juste !

Kaylee : Tss-tss ! Où sont les photos du garçon nu ? LOL ! Remarque, si tu en as…

Bailey se penche et voit les messages.

– Sans déconner ? Tu fais semblant de passer le week-end avec Kevin ?

Je lui cache l'écran et je réponds aux filles.

Moi : Ha ha ! Il est juste pour moi, mesdames !

Bailey a un sourire narquois.

– Je n'ai pas besoin de voir pour savoir ce que tu as écrit. Laisse-moi deviner. « Ha. Ha. Il est tout à moi » ? Tu as ajouté des cœurs ?

– Non, dis-je, le doigt au-dessus de l'émoji cœur rose.

– Je ne comprends pas. Comment tu peux écrire ça après ce qu'il t'a fait ?

– Euh… Je dois sauver les apparences. Notre petite virée est censée être un secret.

– Ouais, mais tu ne pourrais pas juste… ne pas leur écrire pendant un jour ou deux ?

J'étouffe un petit rire.

– Ah non, désolée. Tu as quarante-cinq ans, ou quoi ? Pas de messages ? Elles se douteraient forcément qu'il se passe quelque chose. Elles enverraient une équipe de recherche.

Quoique… depuis que j'ai vu leurs photos, je n'en suis plus aussi sûre.

Je ressasse ces pensées un petit moment. Bailey regarde la route, mais elle a toujours l'air pensive.

– Mais tu es censée être avec Kevin. Si tu étais vraiment avec lui, tu ne voudrais pas avoir… un peu d'intimité ? Tu leur balancerais des messages en permanence ?

– Ben ouais.

La moitié du plaisir que j'éprouve à être avec Kevin, c'est de m'en vanter auprès de mes amies. Mais je garde ça pour moi. Bailey ne comprendrait pas.

– Ce n'est pas un peu bizarre ?

– Mais non, c'est parfaitement normal. Il y a des milliards de gens comme moi. Et je ne suis pas sûre que tu sois la mieux placée pour dire ce qui est bizarre ou pas.

– Aïe. Ça pique, lâche Bailey d'une voix atone.

Elle croque dans une chips.

– Je trouve que c'est beaucoup de boulot, en fait.

Maintenant qu'elle le dit, je réalise que j'ai parfois l'impression de travailler à entretenir mes relations. Mais qu'est-ce que je serais censée faire ? Ne pas avoir d'amies ?

Kilomètre 857

Mon téléphone émet une série de « ping » pour m'annoncer que j'ai reçu de nouveaux messages des filles. Je les passe rapidement en revue. Des fiches de révision éparpillées sur le tapis. L'écriture de Jocelyn, avec ses codes couleur et ses pattes de mouche. Emily assoupie, décorée de bonbons spaghetti rouges dessinant un 14. J'ai l'impression que c'est un week-end de révision épique. Probablement le meilleur de tous. Normal : c'est notre dernière année, il fallait finir en beauté. Sauf que je n'y suis pas. Je jette un coup d'œil autour de moi. Bailey me regarde en coin.

– Au cas où tu voudrais faire un autre selfie « Je me prélasse dans le jacuzzi avec Kev' », je te préviens : on n'a plus d'eau, me lance-t-elle.

– Ce n'est pas prévu.

À cette heure-ci, on serait déjà sortis du jacuzzi depuis longtemps. Il me faut une autre idée.

– Ah ! Je sais ! s'exclame-t-elle. Tu peux utiliser une des roses qu'il a glissées par la fenêtre des chiottes.

Séduite par l'idée, je réponds sans réfléchir :

– On en a gardé une ?

– C'était sarcastique.

– Ah.

– Beurk ! Qu'est-ce que tu comptais faire ? Recouvrir ton corps de pétales de rose ?

– Non !

Encore que… J'ai besoin d'une idée romantique. Les filles se pâment devant un film comme *N'oublie jamais,* mais moi, j'ai ça en vrai. Enfin, je l'avais ; et elles croient que je l'ai toujours. Une dernière photo devrait suffire : il est tard, elles vont bientôt aller dormir. Une simple piqûre de rappel pour leur montrer que je m'amuse bien, moi aussi. Je lorgne les mains de Bailey sur le volant.

– Bailey ?

– Non.

– Tu ne sais même pas ce que je vais te demander.

– Pas besoin. On a été amies, tu t'en souviens ? Le spectacle de fin d'année, en sixième, ça te dit quelque chose ? Ça m'a servi de leçon.

– Tu as été géniale !

– J'étais ta marionnette de ventriloque.

– C'était postmoderne.

– Tu m'as obligée à mettre une culotte tyrolienne.

– On est arrivées troisièmes.

– Vas-y, confie-moi ton plan démoniaque, grogne-t-elle.

Je souris.

– Eh bien, j'ai remarqué que tu avais de grandes mains, et…

– Pas question ! me coupe Bailey.

Je l'implore :

– Laisse-moi juste en tenir une. Je cacherai tes ongles avec mes doigts. Si je prends la photo sous le bon angle, ça devrait marcher.

– Et si je refuse ?

Je hausse les épaules, puis je lui décoche un sourire diabolique.

– Sinon, je pourrais ébouriffer mes cheveux et me pincer les joues pour simuler la rougeur post-orgasme.

Bailey fait semblant de vomir, puis me tend sa main.

– Fais vite. C'est bien plus que mon devoir n'exige.

– Merci.

En prenant sa main dans la mienne, je suis surprise de voir à quel point ce geste m'est familier. Au primaire, on se tenait tout le temps par la main : pour traverser la rue, pour monter l'escalier de sa chambre, dans les couloirs de l'école… Étonnamment, mon corps s'en souvient.

Je me dépêche de prendre la photo et je lâche sa main. Bailey la retire brusquement. Je me demande si elle a éprouvé le même sentiment de familiarité que moi.

Après avoir joué avec les filtres pour plus de vraisemblance, je titre la photo « bonne nuit » et je l'envoie aux filles.

– C'est bon, tu es satisfaite ? me demande-t-elle.

J'acquiesce. Dans une autre dimension, Veronica Clarke a la vie qu'elle mérite, la vie pour laquelle elle s'est donné tant de mal. Au lieu de répondre à Bailey, je prends son téléphone dans le casier sur le tableau de bord.

– Hé ! Qu'est-ce que tu fais ? proteste-t-elle.

Lorsqu'elle tente de le récupérer, la voiture fait une embardée. J'esquive son geste et je mets le portable hors d'atteinte.

– Désolée : je ne crois pas à ton histoire d'allergie aux nouvelles technologies.

Je tape sur le clavier et je déverrouille son téléphone. Bailey fronce les sourcils.

– Comment tu as deviné mon mot de passe ?

– Facile ! Tu utilises « Fesse » depuis le cours d'informatique, en CE2.

Je parcours les différents écrans du bout du doigt, puis je repose le téléphone sans faire aucun commentaire. Bailey fixe la route.

– Je te l'avais dit.

– Il n'y a rien, là-dedans, Bailey...

– Et alors ? Ce n'est pas parce que je ne photographie pas mes repas à la cafétéria que je n'existe pas.

– Même dans tes contacts. Il n'y a que ta mère et SOS plombier.

– On a des problèmes de tuyauterie à la maison. Quand l'évier déborde à 3 heures du matin, on est bien contentes d'avoir Dimitri sous la main.

– Bailey...

– Quoi ? C'est un type de confiance, et il n'est pas trop cher.

– Tu n'as pas d'amis ?

J'ai lâché ça spontanément. Les mots planent entre nous, énormes, solides, impossibles à ravaler. Bailey se raidit. Je cherche désespérément un moyen de me rattraper :

– Je veux dire…

– Avant, j'en avais, lâche-t-elle.

– Je suis désolée, je…

Bailey lève les yeux au ciel.

– C'est bon, arrête ! J'ai une vie tout à fait satisfaisante sur le web. Je modère plusieurs forums de mangas et, sans vouloir me vanter, j'ai écrit des fan-fictions assez populaires. Et quand l'envie me prend, il y a même quelques losers, au lycée, à qui je daigne parler. Tout va bien.

Est-ce qu'elle dit vrai ? Je la regarde à la dérobée pendant qu'elle conduit. Elle n'a pas l'air contrariée et sourit même un peu. Ses cheveux sont en pétard ; elle fredonne la chanson qui passe à la radio. J'ai pris mes distances avec elle parce que je ne supportais plus ses extravagances. J'étais convaincue que c'était nécessaire, si je voulais réussir au lycée. Qu'elle me tirerait vers le bas. Mais quand je vois sa liste de contacts vide, je m'en veux un peu. À quoi elle aurait ressemblé si on était restées amies ?

– C'est bon, arrête de culpabiliser.

– Je n'ai rien dit.

– Inutile. Ça dégouline de toi. Il y en a plein mes sièges en cuir.

Bailey récupère son téléphone. Elle le pose sur le volant et tapote l'écran pendant une minute. Quand elle me le rend, un nouveau nom figure dans ses contacts : Veronica Clarke – Amie-Avortement. Ça ne me fait pas rire.

– Voilà, tu es rassurée ?

Bailey glousse bruyamment, fière d'elle. Puis elle pointe un doigt devant nous.

– Regarde. Il y a des lumières, là-bas.

Kilomètre 921

Appeler cet endroit une ville est un peu exagéré. Il y a plus de terrains vagues que de magasins le long de l'autoroute, et la plupart vendent du matériel agricole. Je lorgne la jauge. Le réservoir est quasiment plein.

– On devrait peut-être continuer un peu…

Bailey secoue la tête.

– Non. On est au milieu de la nuit. Tous les endroits auront l'air flippants. Il y a sûrement le même nombre de serial killers ici que là-bas. C'est-à-dire deux, si l'on se fie aux statistiques.

– Merci de me rassurer.

– Tu m'as promis un café. Et tu sais quoi ? Maintenant que tu culpabilises à cause de ma liste de contacts, je vais insister pour qu'on s'arrête manger.

– Bailey, on n'a pas le temps.

– Tu viens de dormir pendant deux cents bornes. Si tu ne veux pas que je nous jette dans le fossé, le café ne me suffira pas.

– Je veux bien conduire…

– C'est une boîte manuelle.

– Je peux apprendre.

– Sur ce petit bijou ? Certainement pas !

– Peut-être que…

Bailey prend un air misérable.

– Je me sens tellement seule, Veronica. Je n'ai pas de *followers* sur les réseaux sociaux.

– Arrête !

– Personne ne *like* mes posts.

– Je suis sérieuse.

– La seule chose qui pourrait me réconforter, c'est un gros tas de pancakes arrosés de sirop d'érable.

– OK. Très bien. On s'arrête. Mais tu les avales à la vitesse de l'éclair.

– Pas de problème.

Bailey me montre une tache de couleur au bord de la route déserte. L'enseigne lumineuse d'un restaurant.

– C'est l'endroit qu'il nous faut, décrète-t-elle.

Mon estomac gargouille. La promesse de pancakes et de café me paraît soudain très alléchante. Bailey ralentit et entre dans le parking. Plusieurs places sont libres devant l'établissement, mais elle le contourne et se gare dans l'ombre, à l'arrière. Je l'interroge :

– Pourquoi tu te mets là ?

– Parce que ton prince charmant a peut-être réussi à repêcher les bonbons dans son réservoir. Et comme c'est la route la plus rapide pour Albuquerque, il a sûrement deviné notre itinéraire. Il n'a pas l'air du genre à renoncer. S'il repère la El Camino, il risque de me gâcher mon petit-déjeuner.

Le restaurant est étonnamment plein pour cette heure tardive. Il accueille un groupe de vieux camionneurs, un couple qui s'embrasse goulûment au-dessus d'une assiette de frites et une bande de lycéens en train de finir des hamburgers. Une serveuse s'affaire entre les tables. Quand nous entrons, les garçons lèvent la tête, et leurs yeux s'allument.

– Salut, les filles ! Vous voulez des saucisses avec vos pancakes ? nous lance l'un d'eux avec un sourire répugnant.

– Non, merci.

Je déteste la façon dont ils me regardent. Bailey me donne un petit coup de coude et me glisse à voix basse :

– Ignore-les.

Le type l'entend. Sa brève expression de mécontentement laisse place à un sourire conquérant.

– Allez, ne soyez pas comme ça. Vous faites quoi, ce soir ? On vous fait visiter la ville ?

En priant pour que la serveuse nous remarque enfin, je décline à nouveau :

– Non merci.

– Allez…, insiste un autre. On sera gentils avec ton amie le monstre.

Bailey se raidit et leur décoche un sourire mielleux.

– Waouh, c'est trop sympa ! Je suis hyper excitée, mais j'aurais trop peur de vous décevoir. Baiser une fille, c'est pas comme se taper une vache…

Les types la regardent, estomaqués. J'essaie de dissimuler mon sourire, tandis que Bailey hèle la serveuse d'un ton enjoué :

– Une table pour deux, s'il vous plaît.

La femme nous conduit vers un box libre.

– Je vais prendre un café et des pancakes, dis-je en m'asseyant. Et toi, Bailey ?

– Vous me donnez une minute ?

La serveuse repart en grommelant. Bailey ouvre le menu et le déchiffre de long en large. Je m'impatiente :

– On ne va pas y passer la nuit ! Tu as dit que tu voulais des pancakes. Commande-les.

– Ouais... mais maintenant que j'ai le menu, j'hésite. À ton avis, qu'est-ce qui est le meilleur : l'omelette de Denver ou les biscuits en sauce ?

– Les deux doivent être délicieux.

– Ou alors, des pancakes..., réfléchit-elle.

Du coin de l'œil, je vois les gars tenir un conciliabule à voix basse.

– Bailey. Il nous reste plus de six cents kilomètres à faire. Pour arriver à Albuquerque à 9 heures, il faut qu'on roule en moyenne à cent vingt kilomètres à l'heure, en supposant qu'on fasse une pause pipi d'un quart d'heure toutes les deux heures.

Elle cligne des yeux.

– Waouh ! Comment tu as fait ça ?

– C'est des maths.

– Je savais bien que j'aurais dû aller en cours.

Alors qu'elle reporte son attention sur le menu, un léger brouhaha s'élève au fond du restaurant. Je lève les yeux et constate que les gars ne sont plus là. À voir la tête de la serveuse, ils sont partis sans payer. Elle revient vers nous au pas de charge.

– Vous avez choisi ?

– Des pancakes et un café, s'il vous plaît.

– Des biscuits en sauce, une omelette de Denver, des bâtonnets de mozzarella et des pancakes, répond Bailey. Ah, et un café…

– Bailey !

– Quoi ? Tu m'as bousculée. Je n'ai pas réussi à me décider.

– Vous avez de quoi payer ? nous demande la serveuse d'un air soupçonneux.

Bailey sort son portefeuille plein à craquer. Je lui ai donné tout l'argent que j'avais, sauf la somme dont j'ai besoin pour l'intervention.

– Ils vous devaient combien, ces connards ? demande-t-elle.

– Quarante-trois dollars, grommelle la serveuse. J'aimerais pouvoir leur interdire l'établissement, mais c'est le fils du proprio du silo à grain et ses copains…

Bailey extrait plusieurs billets de sa liasse.

– Voilà pour notre repas et le leur. Gardez la monnaie.

La femme écarquille les yeux, mais prend l'argent.

– Merci, ma grande. Je vous apporte ça tout de suite, dit-elle en repartant.

Bailey fabrique une pyramide avec les mini-barquettes de confiture.

– C'est vraiment gentil, ce que tu as fait, dis-je.

Elle hausse les épaules.

– Pas spécialement. Je voulais juste qu'elle nous serve à bouffer.

– N'empêche, tu n'étais pas obligée.

Bailey lève les yeux au ciel, mal à l'aise.

– Je ne voulais pas que tu arrives en retard à la clinique, grommelle-t-elle. D'ailleurs, tu as rendez-vous à quelle heure ? Tu ne me l'as pas dit.

À mon tour d'être embarrassée. Je fais mine de m'intéresser à la bouteille de ketchup.

– Veronica, à quelle heure tu dois y être ? répète Bailey, méfiante.

– Je ne sais pas encore. Ça ouvre à 9 heures.

– Tu n'as pas pris rendez-vous ? s'exclame-t-elle.

Je m'enfonce dans mon siège.

– J'ai essayé d'appeler plusieurs fois. Mais dès qu'ils décrochaient, je… Je coupais la communication.

– Tu crois que c'est comme au McDo ? Qu'il suffit de commander un avortement au comptoir et d'attendre qu'on te serve ? Tu avais prévu de passer au *drive-in* ?

– Bailey ! Chut !

Je suis écarlate et les gens commencent à me regarder avec curiosité.

– Je pensais qu'on pouvait juste se pointer comme ça…

Bailey me considère avec scepticisme.

– Tu pensais ? Et tu avais prévu de mettre la bague en gage en arrivant là-bas… Ça laisse beaucoup de choses au hasard.

– Je sais…

– Tu es sûre que c'est vraiment ce que tu veux ?

– Oui !

Cette fois, je suis sincère.

– Alors, je ne comprends pas. Je t'ai vue planifier tes révisions à la minute près.

– Prendre rendez-vous aurait rendu les choses réelles, OK ?

Bailey secoue la tête.

– Je crois qu'on a enfin trouvé ton point faible. Le bon sens.

Elle prend mon téléphone et commence à chercher.

– Ah. Voilà. Ta da da dam !

Elle chantonne en composant un numéro :

– L'Amie-avortement à la rescousse !

– Bailey. Arrête ! Ils ne répondront jamais. On est en pleine nuit.

Le téléphone collé à l'oreille, elle lève un doigt pour me faire taire.

– Allô ? Oui ! Bonjour ! roucoule-t-elle. Waouh ! Une hotline 24 heures sur 24. C'est très pratique. Comment allez-vous ?

Elle se tait, le temps d'écouter la réponse.

– Eh bien, ça fait plaisir. Je ne peux pas en dire autant. En fait, je vous appelle parce que je voudrais me faire avorter…

Elle a parlé assez fort pour que toute la salle l'entende. Deux camionneurs se retournent avec des airs choqués, réprobateurs. Je me ratatine dans le box de plastique rouge et je la supplie :

– S'il te plaît, Bailey…

– Je vous remercie. C'est très aimable à vous. Mes dernières règles ? Euh…

Elle me regarde, attendant une réponse. Je compte sur mes doigts, puis je hausse les épaules. Elle ouvre de grands yeux, tandis que je me consume de honte. Comme je n'ai jamais eu des cycles très réguliers, j'ai mis un certain temps à me rendre compte que quelque chose clochait. Surtout qu'on avait utilisé des préservatifs. Enfin, c'est ce que je pensais.

– Huit semaines. À peu près.

Bailey hoche la tête en écoutant la personne au bout du fil.

– D'accord. Oui. Très bien. Y a-t-il une option épilation à la cire ? C'est un peu la jungle amazonienne, ici.

Un des camionneurs qui épie la conversation la dévisage avec intérêt. Je me prends la tête dans les mains en priant pour qu'elle arrête son cinéma.

– C'est vrai, poursuit-elle. Désolée. Non, je ne prends pas les choses à la légère. C'est juste que je suis un peu à cran. C'est la première fois, vous savez. Pas la première fois que je fais l'amour. J'aurais pu tomber enceinte une centaine de fois, vu les probabilités. Ou peut-être que les spermatozoïdes de mon petit ami sont aussi collants que lui.

Je me retiens d'éclater de rire. Je déteste ce qu'elle fait, et en même temps, j'adore ça.

– Alors, vous avez un créneau ? Désolée de ne pas avoir appelé avant, j'étais trop stressée. Pour moi, c'est possible seulement demain. Je viens de loin en voiture, et mes parents ne sont pas au courant…, achève-t-elle en retrouvant son sérieux.

Mon cœur bat la chamade. Et s'ils ne me trouvent pas de place ? Et si on est venues jusqu'ici pour rien ? Je retiens mon souffle.

– 11 h 30 ? Super. J'y serai. Mon nom ? Veronica Clarke. Oui. Oui, je suis accompagnée. Une *amie*. Merci beaucoup. Au revoir.

Je lève les yeux. Nos regards se croisent et on sourit. Bailey me rend mon téléphone. Puis elle se renverse sur son siège et croise les bras derrière la tête.

– Alors ?

– Je te déteste.

– Je sais.

– C'était incroyable.

– Je sais.

Bailey s'aperçoit qu'un vieux camionneur continue à la regarder.

– Hé oui, monsieur : ce soir, c'est les filles qui gèrent, lui lance-t-elle avec un clin d'œil.

L'homme se retourne vers son assiette, embarrassé. J'éclate de rire, bluffée par son audace, mais aussi parce que je suis soulagée.

– Tu es folle.

– De rien.

La serveuse arrive avec notre commande. Avant de repartir, elle tapote amicalement l'épaule de Bailey.

– Je t'ai mis un supplément de sauce sur les biscuits.

Je contemple le repas posé devant nous en songeant que je ne me suis pas sentie aussi bien depuis des semaines. Bailey tend la main vers une assiette. Je lui donne une tape.

– Minute ! Je fais une photo.

Pendant que je m'exécute, elle soupire.

– C'est nul.

– Pense ce que tu voudras. Je n'ai jamais vu de pancakes aussi appétissants. Je veux m'en souvenir.

J'attire l'assiette à moi et je me jette sur la nourriture. Vingt minutes plus tard, on se renverse sur nos sièges, repues.

– Tu crois que Kevin a réparé sa voiture ?

– En admettant qu'il ait réussi, il n'a pas dû aller très loin, dit Bailey. J'ai écrit « Au secours » en granité sur la vitre arrière. Un flic a dû l'arrêter.

Je sors du box en riant.

– On y va ?

– Oui chef, acquiesce-t-elle en se levant à son tour.

Nous regardons avec stupéfaction l'emplacement vide où était stationnée la Chevrolet. Tandis que Bailey lâche une bordée de jurons, je m'interroge tout haut :

– Où est passée la voiture ? Elle était là…

– À mon avis, les violeurs de moutons resquilleurs l'ont empruntée pour faire une petite balade.

Il y a des traces dans le gravier, comme si quelqu'un s'était amusé à faire des virages à cent quatre-vingts degrés avant de mettre les voiles. Une odeur de caoutchouc brûlé flotte dans l'air. Je pivote vers Bailey.

– Pourquoi tu t'es garée là ?

– Hé ! Ce n'est pas moi qui suis poursuivie par un petit ami fou à lier ! s'insurge-t-elle.

Je fais les cent pas.

– Et voilà ! Maintenant, je n'ai plus aucun moyen d'aller à Albuquerque !

– Il faut toujours que tu ramènes tout à ton utérus ! C'est moi qui me suis fait voler ma voiture, je te signale.

– Une voiture que tu avais volée !

– Empruntée !

Une pensée terrifiante me frappe :

– Mon sac de voyage. Mon sac à dos !

Ma poitrine se contracte.

– Mes notes de calcul intégral !

– Tu flippes pour tes cours ? Il y avait mon téléphone, dedans.

Je me tourne brusquement vers elle.

– Quoi ?

Bailey se renfrogne.

– Ben ouais. Tout le monde n'est pas scotché à son portable, comme toi.

Allez savoir pourquoi, le fait qu'elle ait perdu son téléphone me bouleverse encore plus que la disparition de la voiture.

– Et si ta mère t'appelle ? Qu'est-ce qu'elle va faire, si tu ne lui réponds pas ?

– Elle travaille tout le week-end, et elle ne prend jamais de mes nouvelles. Je lui ai dit que j'étais chez une amie.

– Et elle t'a crue ?

– Hé ! Réjouis-toi plutôt qu'elle soit trop occupée pour poser des questions.

Je recommence à marcher de long en large.

– Si les flics trouvent la voiture avec ton téléphone dedans, ils comprendront que tu l'as volée.

– Oui, sûrement.

– Il y a mon nom dans tes contacts ! À « amie-avortement » !

Bailey ouvre la bouche pour répondre, mais ses paroles sont étouffées par une déflagration, suivie par un crissement de métal. Nous échangeons un regard consterné. Le bruit vient de la route, à cinq cents mètres de là.

Nous arrivons juste à temps pour voir un pick-up démarrer sur les chapeaux de roues. L'air sent l'essence et le caoutchouc brûlé. La Chevrolet gît dans le fossé. L'avant est complètement ratatiné et de la vapeur – ou peut-être de la fumée – s'échappe du capot. Sa peinture est toute rayée. Le pare-brise est en miettes. Elle a un pneu déchiqueté. Elle ne nous emmènera pas plus loin ce soir.

Bailey s'approche de la voiture et pose une main sur la carrosserie, comme pour apaiser un animal blessé.

– Je suis désolée, dis-je.

Elle hausse les épaules.

– C'est ma faute. C'est moi qui ai décidé de la prendre pour faire ce voyage.

Le contenu de mes sacs est éparpillé sur la chaussée. Il y a des traces de pneus sur mes vêtements ; mes manuels scolaires sont écrabouillés. Des pages de calcul intégral sont dispersées dans le caniveau. Je cours ici et là, dans l'espoir d'en sauver le maximum. Mais en m'approchant, je plisse le nez. Bailey confirme mes soupçons :

– Ouais. Ils ont pissé dessus.

Un objet vaguement éclairé par le clair de lune attire son attention. Elle se penche pour fouiller dans mes vêtements et sort son téléphone. L'écran est brisé. Elle appuie sur le bouton d'alimentation. Quelques barres de couleur clignotent, puis il devient noir.

– Bon… Eh bien, ce n'est pas ce week-end que je vais me déchaîner sur les réseaux sociaux…

Elle range le portable dans sa poche. Je ramasse les affaires récupérables et je les fourre dans mon sac à dos crasseux. Puis je me faufile dans la Chevrolet, j'essuie le volant avec mon tee-shirt et je rejoins Bailey, affalée au bord de la route.

– Voilà, j'ai effacé nos empreintes.

– Waouh, Veronica ! s'exclame-t-elle, impressionnée. C'est digne des Experts : Pétaouchnok, Texas.

– On est en Oklahoma. Enfin, je crois…

– Mais quand même à Pétaouchnok.

Je soupire.

– Il faut qu'on se trouve un nouveau moyen de locomotion.

– Commande un Uber.

Nous éclatons de rire, tellement c'est absurde. Même si mes parents m'avaient confié les identifiants de leur compte, ils se demanderaient pourquoi j'ai besoin d'une voiture au fin fond de l'Oklahoma, en pleine nuit. Je sors quand même mon téléphone en priant pour avoir du réseau, et je lance une recherche.

Une seconde plus tard, la chance nous sourit enfin.

– J'ai trouvé une compagnie de taxis !

– On a assez d'argent ? s'enquiert Bailey.

– Pas pour finir le trajet, mais peut-être assez pour se faire déposer dans une gare routière. On sera dépendantes des horaires de bus, mais c'est mieux que rien.

Alors, seulement, je vois l'adresse.

– Ah non, laisse tomber !

Je glisse mon téléphone dans ma poche pour éviter de le balancer par terre, de rage.

– Qu'est-ce qu'il y a ?

– C'est à plus de cent soixante kilomètres d'ici. En direction d'Oklahoma City. Derrière nous, quoi…

Bailey se frotte la nuque, pensive.

– Alors, on fait quoi ?

Nous regagnons le restaurant à pied. La lumière crue de la salle nous aveugle.

– Est-ce que quelqu'un irait vers Albuquerque, par hasard ? lance Bailey à la cantonade.

Les camionneurs au comptoir se tournent brièvement vers nous, avant de reporter leur attention sur leurs assiettes.

– Personne ? insiste Bailey.

– Allez au diable, sales putes ! crache l'un d'eux.

– Bon… J'en déduis que non.

Dix minutes plus tard, nous sommes de retour au bord de la route. Le ruban d'asphalte s'étire à perte de vue. Le souffle d'une voiture qui passe nous plaque les cheveux dans la figure. Ses feux arrière disparaissent dans l'obscurité. J'avale péniblement ma salive.

– Bon… Il va falloir faire ça à l'ancienne.

– Avec le pouce ? demande Bailey.

Je hoche la tête.

– C'est ça.

Kilomètre 923

À court d'idées, nous marchons sur le bord de la route, à l'endroit où l'herbe dispute la place aux gravillons. Bailey tend un bras, le pouce levé, chaque fois qu'une voiture approche, mais les conducteurs ne prennent même pas la peine de ralentir. On a parcouru plusieurs kilomètres. Le restaurant n'est plus qu'un lointain souvenir. Il n'y a quasiment plus de réseau. J'écrase un moustique qui s'est posé sur mon bras et je presse le pas.

Je cours en accompagnant le mouvement de mes bras. À chaque foulée, mon sac à dos cogne mes reins.

– Hé ho ! me crie Bailey. Qu'est-ce qui te prend ? Ralentis !

– Impossible.

– Tu ne peux pas courir jusqu'à Albuquerque !

– Regarde !

J'accélère encore en fixant l'horizon. Bailey se met à trotter.

– Tu ne m'as pas prévenue que c'était un marathon, halète-t-elle.

Je ne réponds pas. Mes pieds frappent le sol, semblables à un roulement de tambour. « Pas de bébé. Pas de bébé. Pas de bébé. »

– J'ai un point de côté ! gémit Bailey. Attends-moi ! Stop !

Je continue.

– Sérieusement, ARRÊTE !

Je me retourne. Elle suffoque.

– Tu es… rapide… mais je pense… que ça ira… plus vite en voiture, siffle-t-elle.

Au loin, des phares éclairent la route. Au lieu de passer en trombe comme les précédents, le véhicule ralentit. Je rejoins Bailey en quelques foulées. La voiture se gare sur le bas-côté. Le gravier gicle sous ses pneus. C'est une berline ordinaire, comme celles que les hommes d'affaires louent pour aller à un congrès en province. Le souffle du moteur nous enveloppe dans un nuage d'air chaud. Une vitre coulisse. L'intérieur de la voiture est sombre et le visage du conducteur n'est éclairé que par la lueur de la console. C'est un homme de l'âge de mon père, environ.

– Bonsoir, mesdemoiselles. Il est tard…

Il a l'air un peu trop content de nous voir au bord de la route. J'attrape le bras de Bailey et j'enfonce les doigts dans sa peau. C'est une erreur. Une grosse erreur.

– Euh…

Je suis incapable de dire autre chose. Bailey ne fait

pas mieux. Elle a la bouche ouverte, mais se contente de déglutir.

– Vous cherchez un chauffeur ?

Il nous sourit, chaleureux et amical. Comme on ne lui répond pas, il se penche et ouvre la portière, côté passager.

– Allez-y, montez.

Ma langue se délie enfin.

– Non merci.

C'était plus un grincement qu'une phrase intelligible, mais l'homme a compris.

– Vous êtes sûres ? C'est dangereux de marcher au bord de la route en pleine nuit. Un conducteur pourrait vous renverser…

– Non, je vous assure. Tout va bien !

Je pousse Bailey du coude.

– Bien, répète-t-elle, tel l'écho.

L'homme fronce les sourcils.

– J'ai cru que vous couriez pour fuir un danger.

Il n'a plus l'air aussi amical. Je réfléchis à toute vitesse. Comment nous sortir de ce pétrin ?

– On est juste sorties faire un petit jogging, dis-je. Mes parents habitent à côté. On rentre à la maison.

– Je vous dépose ?

Il insiste. Bailey passe une main tremblante dans son dos et la glisse dans sa ceinture. J'écarquille les yeux en apercevant le Taser. Je ne suis pas sûre qu'agresser un automobiliste arrange notre cas. Il faut absolument filer. Je scrute les environs. Quelques buissons épars bordent la route, qu'une clôture de barbelés sépare d'un vaste champ parsemé de monticules sombres. On va devoir s'en contenter.

– Non merci. Au revoir !

Je détale en tirant Bailey derrière moi.

– Ouf ! soupire-t-elle. Je n'avais vraiment pas envie de me servir du Taser.

– Je n'en reviens pas que tu l'aies emporté.

– Maintenant, tu comprends pourquoi.

– Hé ! crie l'homme derrière nous.

On détale comme si on avait le diable aux trousses. Je crie mes instructions à Bailey :

– Dans le champ !

Derrière nous, une portière claque. Prise d'une soudaine inspiration, je m'exclame :

– Maman ! Il y a un type qui nous poursuit !

C'est un mensonge idiot. On n'aperçoit pas la moindre lumière dans les parages, mais qui sait ? Ça suffira peut-être à le faire hésiter.

On se faufile sous les barbelés et on continue notre course dans le champ.

– Cachons-nous derrière un de ces tas.

Je n'ose pas me retourner pour voir si le type nous suit. En approchant des monticules, je ralentis. Bailey aussi.

– Euh, Veronica ?

– On ne risque rien, dis-je.

En fait, je n'en suis absolument pas sûre. À ce jour, je n'ai rencontré des vaches que sous forme de double cheeseburger. Ce qui explique que je n'aie pas identifié les formes plus tôt. Le champ est plein de vaches endormies. De près, j'entends leur doux ronflement et, de temps à autre, le bruissement d'une queue.

– Celle-là, dis-je.

L'animal que je montre du doigt paraît assez amical, quoique beaucoup plus gros que je l'imaginais. Bailey se fige soudain.

– C'était quoi, ça ? demande-t-elle d'une voix tendue.

– De quoi tu parles ?

– Je viens de marcher dans quelque chose... de mou.

Une odeur épaisse et terreuse emplit nos narines.

– Hem... Je crois que tu as mis le pied dans...

– J'ai deviné. Merci.

Nous nous accroupissons derrière la vache. Elle doit sentir notre proximité dans son sommeil, car sa peau frissonne, mais elle ne se réveille pas. Au milieu de tous ces animaux, l'air est étonnamment chaud et paisible. On s'arrête, à l'écoute d'un éventuel bruit de pas, mais on n'entend que des pets sonores.

– Beurk ! dit Bailey. J'espère que ce type est vraiment un serial killer. Sinon, on aura fait tout ça pour rien.

Je risque un coup d'œil par-dessus notre vache. Il fait trop sombre pour voir la route.

– Je crois qu'il est parti, dis-je.

Je n'en suis pas sûre, en fait. J'ai entendu la portière claquer, mais pas la voiture démarrer.

– La voie est libre, confirme Bailey.

– Ouais.

On reste tout de même cachées derrière Marguerite. Je n'ai aucune idée du temps que l'on passe accroupies. Quand je trouve enfin le courage de me relever, j'ai les mollets en feu et le reste du corps ankylosé.

– Il est parti, constate Bailey.

On repart en direction de l'autoroute, quand elle s'arrête brusquement.

– Attends une minute. Toutes les vaches étaient couchées.

– Ouais. Et alors ?

– Pourtant, la légende dit qu'on peut les renverser quand elles dorment…

– J'imagine qu'elles dorment tantôt couchées, tantôt debout.

Bailey se retourne, l'œil pétillant.

– Essayons d'en trouver une debout. Je veux essayer. Ce serait génial…

– Ce n'est pas le moment de faire des jeux idiots. On est pressées.

Mais Bailey retourne déjà vers le troupeau.

– Je crois que j'en vois une !

À son approche, une vache se lève et cligne des yeux. Ayant repéré l'intruse, elle meugle et s'avance vers elle d'un pas lourd. Bailey se fige, nez à nez avec l'animal, qui meugle de plus belle. Puis elle change d'avis et se précipite vers moi en hurlant :

– Cours !

J'éclate de rire. Son cri a réveillé les autres vaches, qui

se lèvent l'une après l'autre. Un chœur de meuglements emplit la nuit.

– Viiiiite !

Bailey se précipite dans le champ en battant des bras, suivie par cinquante vaches somnolentes. Je me plie en deux de rire.

Elle me double comme un bolide. En relevant la tête, je constate que les vaches gagnent du terrain. C'est incroyable comme elles courent vite ! Je détale derrière Bailey. Alarmée par des meuglements de plus en plus forts, je risque un coup d'œil par-dessus mon épaule. Le troupeau ressemble à une vague de sable mouvant qui déferle sur nous. Un faux pas, et on se noie dans une mer de bovins. Pourtant, je suis toujours en proie au fou rire.

Quand nous atteignons enfin la clôture, Bailey plonge entre les barbelés, tandis que je rampe par-dessous. Nous sommes de retour sur la route.

Je tombe à genoux, hoquetant de rire, le visage ruisselant de larmes. Bailey, debout à côté de moi, paraît contrariée.

– Qu'est-ce qu'il y a de drôle ? On a failli mourir.

– Des vaches… On… était… poursuivies… par… des… vaches.

Je me lève et je me frotte les mains, hilare.

– Tu avais raison, c'était génial !

L'autoroute déserte s'étend toujours à perte de vue. L'homme à la berline a disparu.

– Si on arrêtait le stop ?

– Ouais, approuve Bailey. Je pensais qu'on se trouverait un chauffeur un peu moins flippant.

Elle se gratte la tête. Des brins d'herbe tombent sur ses épaules. Elle hume sa chemise.

– Beurk. Ça sent la vache. On fait quoi, alors ?

Je ne sais pas quoi lui répondre. On n'a plus de voiture et on est entourées de bovins.

Alors que je scrute l'horizon à la recherche d'une solution, j'aperçois la lueur vacillante d'un néon. Il clignote, ce qui explique sans doute qu'on ne l'ait pas vu plus tôt. Je le montre à Bailey.

– C'est peut-être un resto, ou une station-service. Ils nous indiqueront où trouver une gare routière.

Elle acquiesce.

– Très bien. Ça nous fera un endroit où patienter, le temps de trouver une mamie avec un paquet de bonbons au caramel qui acceptera de nous y conduire.

Kilomètre 924

L'enseigne au néon qui clignote en rose et bleu dans la nuit dessine la silhouette d'une femme plantureuse, avec un soutien-gorge en coquilles Saint-Jacques. Ce n'est pas un restaurant. Ni une station-service.

– Demi-tour !

Je joins le geste à la parole. Je me fiche de savoir où je vais. N'importe où, mais pas là. Bailey me rattrape par le bras.

– Regarde toutes les voitures garées devant ! Il y a forcément quelqu'un qui va dans notre direction.

– Tu n'as pas lu le panneau ? Laisse-moi t'aider. C'est écrit : « Sirènes… Grotte sous-marine et salon de détente pour messieurs. »

– Et alors ?

– Alors, c'est un club de strip-tease !

– Ouais, je sais.

– Ça m'étonnerait qu'on y trouve une mamie avec des bonbons au caramel.

– Ce n'est pas grave. On entre, on choisit le plouc le plus gringalet qu'on peut trouver, et on négocie un tour de tracteur. C'est le meilleur moyen d'aller au Nouveau-Mexique. En plus, on a toujours ça…

Elle sort le Taser de sa ceinture. Je m'esclaffe.

– Tu parles ! Tu tremblais tellement que tu arrivais à peine à le tenir. Tu crois que tu vas garder ton sang-froid quand ton nabot essaiera de nous enfermer dans sa chambre froide ?

– J'avais le trac des débutantes. Tu verras, la prochaine fois…

Bailey jette le Taser en l'air et le rattrape de justesse.

– C'est censé me rassurer ?

– Il suffit de se convaincre qu'on est deux jeunes femmes fortes, qui savent ce qu'elles veulent, déclare-t-elle en le remettant dans sa ceinture. Avec cinquante mille volts d'électricité, au cas où…

– Ça ne nous oblige pas à nous fourrer dans une situation qui a 99 % de chances de mal tourner. On vient d'échapper à un *serial killer* et à un troupeau de vaches. Ne force pas le destin.

– Et c'est quoi, les autres options ? Marcher au bord de la route en pleine nuit ? En quoi c'est mieux ?

– Les chances de survie sont meilleures.

– J'y vais ! décrète Bailey.

– Là-dedans ? Non, pitié !

Je regarde autour de moi, désemparée.

– Tu ne préfères pas attendre dans le parking ?

Sans répondre, Bailey fonce vers le videur à l'air las qui s'appuie contre le mur de parpaings. Je cours derrière elle. Une publicité déchirée pour de la bière orne la porte d'entrée, et un bruit de basses étouffé s'échappe de l'établissement. Une lampe d'un jaune pisseux éclaire le sol tapissé de mégots. Pour un peu, je regretterais le restaurant avec ses tables poisseuses et ses camionneurs flippants.

– Salut ! C'est payant ce soir ? demande-t-elle sur le ton le plus aimable que je l'ai jamais entendue employer.

Le videur nous déshabille du regard.

– C'est interdit aux mineurs.

– Ah, bon ? Dommage ! dis-je. Viens, Bailey, on y va...

J'essaie de l'entraîner en tirant sur sa chemise. Ce club de strip-tease ne peut pas être le seul établissement ouvert dans le coin. On trouvera un chauffeur ailleurs.

Elle se dégage.

– On a toutes les deux dix-huit ans. Juré !

Le videur croise les bras.

– Je ne laisse pas entrer les petites traînées.

Les narines de Bailey se dilatent.

– Pardon de vous contredire, mais nous sommes deux jeunes femmes fortes qui prennent leur destin en main.

L'homme la toise à nouveau.

– Ah ouais ? Moi, je trouve que vous avez l'air de petites traînées.

– Mon amie est major de sa promo et je suis vierge, rétorque Bailey.

Je m'étrangle de surprise :

– Tu es vierge ? Sans déconner ?

Le videur bombe le torse.

– C'était une métaphore. Et ce n'est pas le mot « traînée » qui pose un problème. C'est le mot « petite ».

– Je vous assure qu'on a dix-huit ans. Attendez...

Bailey glisse une main dans sa poche.

– Voilà ma carte d'identité.

Puis elle sort de son portefeuille un billet de cent dollars tout neuf.

– Et voilà celle de mon amie.

Le videur cligne des paupières et arque un sourcil. Bailey lui décoche un sourire innocent. Il prend l'argent.

– Bienvenue à Sirènes, dit-il en ouvrant la porte.

Le volume des basses explose. Bailey entre, puis se retourne.

– Tu viens ?

– Et si je refuse ?

– Si tu préfères rester dans le noir avec notre nouvel ami, pas de problème. Je m'occupe du reste..., réplique-t-elle avant de disparaître dans le club.

– Je m'appelle Gérard, m'informe le videur.

Je regarde le parking sombre et le néon clignotant. Je hume l'odeur de tabac froid. Pas question de moisir ici. Encore moins de laisser Bailey choisir notre chauffeur. Je m'arme de courage et j'entre à mon tour.

Un petit couloir faiblement éclairé débouche sur la salle principale, où je retrouve Bailey, surexcitée.

– C'est énorme ! s'exclame-t-elle. Je n'étais encore jamais entrée dans un club de strip-tease. Tu n'es pas curieuse de voir à quoi ça ressemble ?

– Pas trop, non.

J'ai une bouffée d'angoisse à l'idée que mes parents puissent apprendre où je me trouve. Cela dit, pour qu'on en arrive là, il faudrait déjà qu'ils soient au courant de tout le reste. Comparé à un vol de voiture et à un avortement, le club de strip-tease fait pâle figure.

Je ferme les yeux. En ce moment, au bord du lac, mes amies rêvent de Ryan Gosling et de la deuxième loi de la thermodynamique. Je m'imagine avec elles, emmitouflée dans un vieux plaid écossais, quand on me tapote l'épaule. Je pousse un cri de frayeur et je recule vivement.

– AARRGH !

Une serveuse me sourit d'un air narquois. Elle porte une minijupe en cuir et une paire de cache-tétons bleus en forme de coquillages. Momentanément sidérée par son abondante poitrine, je cherche où fixer mon regard. Je choisis sa boucle d'oreille. Son sourire s'élargit.

– La soirée amateur, c'est le mardi, les filles.

– On n'est pas ici pour passer une audition ! dis-je, sur la défensive.

– Dommage. Ç'aurait pu être amusant.

Elle regagne le bar d'un pas nonchalant. Je me tourne vers Bailey, qui regarde autour d'elle, la bouche entrouverte, les yeux écarquillés.

– C'est... spectaculaire.

– Tu trouves ? Ce n'est pas le mot que j'aurais choisi.

Le décor est composé de néons colorés, de miroirs et de boxes en plastique turquoise. Comme si les proprios avaient envisagé de faire une déco sur le thème aquatique, avant de se rabattre sur un style encore plus ringard. Au centre de la scène, une femme en blouse d'infirmière, juchée sur des escarpins à talons transparents de douze centimètres, tournoie autour d'une barre sous le regard lubrique de quelques spectateurs. Des serveuses vont et viennent dans la salle en se déhanchant pour apporter des cocktails aux rares clients. L'endroit pue la bière éventée et le détergent industriel. Bailey me tire par le bras.

– Viens, on va s'asseoir et commencer nos recherches.

Elle me traîne vers un box. Je m'assieds en évitant de penser aux liquides qui ont coulé sur le vinyle craquelé.

– Qu'est-ce que tu dirais de lui ? me demande-t-elle en me montrant du doigt un homme au costume froissé, assis devant la scène.

– Un violeur potentiel.

– OK. Et lui ?

Elle indique un gars coiffé d'une casquette de camionneur et vêtu d'un débardeur orné du drapeau américain.

– Un violeur patriotique.

– Allez, Veronica ! Ce n'est plus le moment de faire la difficile. Fini l'époque où tu laissais Kevin effeuiller ta marguerite.

– Écoute, je t'ai laissé suivre ton idée, mais elle est mauvaise. Cette salle est pleine de mecs louches.

Le type à la berline est sûrement un habitué. On perd notre temps.

Bailey fait la sourde oreille.

– Et lui, là-bas ? tente-t-elle en montrant le bar. Il est tout petit. S'il devient trop collant, on pourra facilement le maîtriser, à nous deux.

Je la regarde fixement, les bras croisés. Elle soupire.

– OK.

Je me lève. Elle me retient par le bras.

– Où tu vas ?

– Je pars. Je préfère marcher jusqu'à la ville la plus proche.

– Oh, allez... Tu as réussi à entrer dans un club de strip-tease alors que tu es mineure. Tu ne peux pas t'arrêter en si bon chemin.

– Bien sûr que si ! Je...

– Assieds-toi. Juste une chanson. S'il te plaît...

Je cède en soupirant.

– Une chanson et on s'en va.

Je me dis qu'il ne peut rien nous arriver de grave en trois minutes. Je sors mon manuel d'économie écrabouillé et j'essaie de me concentrer sur la théorie de la croissance endogène. Une serveuse à cache-tétons s'approche de notre box. Elle a des tatouages partout et un anneau dans le nez, mais son sourire est chaleureux. En faisant abstraction de son maquillage épais et de ses faux cils, je m'aperçois qu'elle est à peine plus âgée que nous.

– Salut, les filles. Qu'est-ce que je vous sers ?

– Rien, merci ! dis-je en évitant de regarder sa poitrine. On part après cette chanson.

– Désolée, le règlement impose au minimum deux consommations.

– Ah bon ? Euh… un Coca. Deux.

La serveuse hoche la tête avec indifférence et se tourne vers Bailey.

– Et toi, chérie ?

– Euh… Je… euh… qu'est-ce que vous me conseillez ?

Je me tourne vers Bailey, surprise. Elle a les joues rouges et le regard fixe, comme hypnotisée par les seins de la serveuse. Kevin avait la même expression la première fois que j'ai retiré mon soutien-gorge. Quelque chose tilte dans ma tête.

– Hmmm…

La serveuse fait mine de réfléchir en se penchant vers Bailey. Ses seins lui frôlent le visage.

– Pour moi, tu es le genre de fille à prendre un Dr Pepper.

Elle lui sourit. Bailey est en apnée.

– Ouais. D'accord. Bien ! halète-t-elle finalement.

Le sourire de la serveuse s'élargit. Elle partage visiblement mes soupçons. Elle se glisse dans le box à côté de Bailey et lui passe un bras sur les épaules.

– Rien qu'une chanson ? Il faut que tu en profites, alors. Tu veux que je danse pour toi ?

– Non merci ! bredouille Bailey, tandis que la serveuse lui chatouille l'oreille du bout du nez. Vous êtes très jolie, mais non.

– Tu es sûre ? Je suis douée.

– Ouais. Euh… Merci quand même.

La jeune femme se lève à contrecœur.

– Je te laisse réfléchir. Je vais chercher vos boissons.

Bailey regarde s'éloigner son derrière vêtu de cuir. Je l'interpelle :

– Bailey ?

Elle garde les yeux rivés sur la serveuse.

– Bailey ?

Toujours pas de réaction.

– BAILEY !

Elle se tourne enfin vers moi, penaude.

– Tu sais, je n'y avais jamais réfléchi, mais c'est vrai que je suis très Dr Pepper, comme fille. Je me voyais plutôt SevenUp, mais…

Je l'interromps avant de me dégonfler :

– Tu es attirée par les filles ? Je veux dire… sexuellement ?

Bailey sursaute comme si je l'avais giflée.

– Hein ? Non ! Pourquoi ?

J'ignore sa protestation.

– Je ne sais pas comment ça a pu m'échapper. Pas étonnant que tu n'aies jamais voulu écouter One Direction.

– Je n'écoute pas non plus de concerts de tronçonneuses. Ça n'a rien à voir avec mes préférences sexuelles, réplique spontanément Bailey.

Elle rougit lorsqu'elle réalise qu'elle vient de se trahir.

– Allez, on y va ! décrète-t-elle en se levant.

Je la retiens.

– Non, non. Assieds-toi.

Elle obéit, mais refuse de me regarder. Et soudain, une pensée me frappe :

– Attends. Je suis la première à le savoir ?

Bailey lâche un petit rire étranglé.

– Ne te réjouis pas trop vite. J'ai réservé le scoop à ma mère. Juste avant ma tante Betsy. Disons que tu es dans les vingt premiers.

– Ah, d'accord. Normal. Mais quand même… Pourquoi tu ne m'as rien dit ?

– Quand ? Ce n'est pas comme si on avait été très proches, depuis quatre ans. Tu aurais voulu que je te balance l'info quand on se croisait dans le couloir ? Ou en faisant la queue à la cafétéria ? En attendant de se faire servir notre portion de carottes vapeur ?

– OK, je comprends. L'occasion ne s'est pas vraiment présentée. Mais avant ? Je croyais qu'on était censé naître comme ça.

– J'étais dans le même groupe que toi à l'église, tu te souviens ? grommelle-t-elle.

Je grimace en pensant à l'homophobie qui régnait dans le groupe en question. Aux prières odieuses qu'on nous invitait à faire pour que nos représentants restent inflexibles. Pour que les tribunaux rendent des jugements favorables à notre cause. À l'époque, j'étais tellement sûre qu'on avait raison. Mais pour Bailey, ça devait être horrible.

– C’est pour ça que tu as arrêté d’aller à l’église ?

– Non. J’ai arrêté parce que Dieu n’existe pas.

– Hé !

– Oh, ne joue pas les offensées ! Si tu as entrepris ce voyage, c’est que tu ne crois pas tout ce qu’on te raconte à l’église, j’imagine.

– C’est compliqué…

C’est vrai. Toute mon enfance, on m’a rabâché que ce que je m’apprête à faire est mal. Sur le moment, ça me paraissait évident. Mais en grandissant, j’ai compris que certaines des vérités qu’on nous assène à l’église sont déconnectées de la vie réelle. Et maintenant que je suis confrontée à cette situation, les choses ne me paraissent plus aussi simples.

Le silence retombe. Bailey fixe la table. Quand elle reprend la parole, sa voix n’est plus qu’un murmure :

– J’ai essayé de me convaincre pendant des années que je n’étais pas comme ça, tu sais. Je me disais que si j’évitais d’y penser, ça disparaîtrait. J’avais déjà assez de mal à m’intégrer. Je n’avais pas besoin de me sentir encore plus différente. Et si je ne te l’ai pas dit, c’est parce que j’avais peur de ta réaction.

– Mais on était amies.

– Et tu serais restée mon amie ?

Bailey évite mon regard. Elle se concentre sur les volutes de faux bois de la table.

– Bien sûr !

J’ai quasiment crié.

– Tu es comme tu es, Bailey. Et si ça faisait partie de toi de préférer les filles, j'aurais aimé cette partie-là aussi.

Bailey lève enfin les yeux.

– C'est vrai ?

– Ouais.

Elle a un sourire narquois.

– Alors, ouais. J'aime les filles. J'ai eu mon premier coup de foudre pour Emma Watson quand elle jouait dans *Harry Potter*. En fait, je craque toujours sur elle. Mme Poulos ne me laisse pas indifférente non plus.

Je m'étrangle de rire.

– Mme Poulos, l'infirmière du lycée ?

– J'ai déjà fait semblant de saigner du nez rien que pour aller à l'infirmerie.

– Non ! Bailey !

Je la pousse amicalement du coude.

– Et donc…, dis-je au bout d'un moment. Tu as une petite amie ?

Elle détourne le regard en rougissant.

– Non.

On reste assises en silence un moment, mais la curiosité me consume.

– Est-ce que tu as déjà… ?

– Ben ouais, évidemment. Des tas de fois.

Elle soupire, puis grogne :

– Non.

– C'est vrai ? Attends : tu as déjà embrassé une fille, au moins ?

Elle pique un nouveau fard.

– Non.

– Jamais ? Même pas un petit baiser sous les gradins du stade ? Ou à une fête ?

– Mais oui, bien sûr ! Imagine la réaction des gens si deux lesbiennes s'étaient roulé une pelle dans la salle de bal du lycée.

– Pardon. Je dis n'importe quoi.

– Peu importe. Le bal, c'est pour les losers.

Il me vient une idée :

– Alors, comment tu sais que… ?

Bailey me regarde comme si j'étais débile.

– On le sait, c'est tout. Tu devais bien savoir que tu aimais les mecs avant de sortir avec Decuziac.

À mon tour de rougir. Elle n'a pas tort.

Bailey sort une poignée de dollars de son portefeuille et les pose sur la table.

– Tu avais raison. On ne trouvera jamais de chauffeur ici. Allons-y !

En sortant du box, elle évite de justesse notre serveuse, qui revient avec les boissons.

– Oups ! Vous partez déjà ?

– On est un peu pressées, s'excuse Bailey en fixant ses chaussures.

Je regarde la serveuse. En plissant les yeux, je trouve qu'elle a un petit air d'Emma Watson. Ça me donne une idée.

– Une danse pour mon amie, c'est combien ?

Bailey se tourne vers moi, choquée.

– Veronica !

Elle est surprise, mais une lueur d'intérêt s'est allumée dans son regard. La serveuse sourit.

– Vingt dollars.

Je ramasse un billet sur la table.

– Je croyais qu'on devait y aller ? me rappelle Bailey, faussement intimidée.

– Tu voulais vivre une aventure, non ?

Je tends le billet à la jeune femme, qui le glisse sous sa jupe. De près, elle sent la vanille et la laque.

– Prépare-toi à vivre trois minutes et demie d'extase, ronronne-t-elle. Je m'appelle Saphir.

Elle écarte les jambes de Bailey avec les siennes et pose les bras sur ses épaules.

– S-salut, Saphir ! bafouille mon amie.

La chanson commence et la strip-teaseuse s'attaque à la fermeture éclair de sa jupe. Je plonge le nez dans mon manuel scolaire. Mais si j'en crois les gloussements nerveux de Bailey, elle s'amuse bien.

Le morceau se termine. Je la regarde. Son visage est couvert de paillettes et elle a l'air stupéfait. Saphir sourit et tire sur sa jupe.

– Waouh, merci ! J'adore les débutantes. On recommence ? J'appelle une amie, si tu veux…

– C'est possible ? demande Bailey.

Je la rappelle à l'ordre :

– Bailey…

– Tu as raison. On est pressées.

Du bout des doigts, Saphir lui dessine un huit sur l'épaule.

– Ah…, lâche-t-elle, boudeuse. Où voulez-vous aller au milieu de la nuit ?

– Mon amie doit se faire avorter à Albuquerque et on cherche quelqu'un pour nous conduire là-bas, explique Bailey, le regard vitreux.

– Bailey !

Elle revient brusquement à la réalité.

– Désolée… Je…

Saphir paraît surprise et légèrement attristée.

– Vraiment ?

Je hoche la tête, l'air coupable.

– J'habite dans la bonne direction. Je peux vous avancer, si vous voulez, propose-t-elle doucement.

– C'est vrai ? dis-je, pleine d'espoir.

– Bien sûr. Je finis dans une demi-heure, si ça ne vous dérange pas d'attendre…

Je regarde Bailey, qui sourit aux anges.

– On doit pouvoir trouver un moyen de tuer le temps…

Kilomètre 934

Neuf chansons plus tard, Saphir termine son service. Bailey s'est délestée d'une partie de son argent, et on roule à tombeau ouvert sur l'autoroute dans un vieux pick-up à la plaque d'immatriculation ornée d'un sticker « Country Princess ». Charmant.

Je suis collée contre la portière. Bailey est au milieu. Saphir a une main sur le volant ; l'autre à la fenêtre. L'air est humide et frais après la chaleur suffocante du club.

– Pour quelqu'un qui n'a jamais embrassé une fille, tu as vite pigé le truc des danses érotiques, dis-je à voix basse.

Bailey hausse les épaules.

– Qu'est-ce que tu veux que je dise ? Je dois avoir un don.

Saphir se tourne brusquement vers nous et la voiture fait un écart.

– Attends : tu n'as jamais embrassé de fille ?

J'essaie de m'habituer à sa nouvelle apparence, sans son uniforme de travail. Couverte de sueur et vêtue d'un débardeur, sans maquillage, elle ressemble moins à une déesse du sexe qu'à une grande sœur cool. Du moins, telle que je me la représente : la mienne n'a jamais été cool de sa vie. Elle est passée directement de la chorale de l'église à la maternité.

Bailey rougit de plus belle. Elle bredouille des excuses, du genre « l'occasion ne s'est pas présentée », puis lâche :

– Je trouve que tu ressembles à Emma Watson.

Saphir se gare au bord de la route dans un crissement de gravier. Elle éteint les phares et se tourne vers Bailey, qui n'est plus éclairée que par la lueur du tableau de bord et un rayon de lune.

– On va remédier à ça tout de suite. Une fille qui est prête à conduire son amie à l'autre bout du pays comme tu le fais mérite d'être embrassée.

Bailey se fige, les yeux écarquillés. Elle a l'air aux abois, mais comme elle est assise au milieu, elle ne peut pas s'enfuir. Elle ouvre la bouche pour parler.

– Grrhuuuuuugh.

Saphir sourit. Elle doit avoir l'habitude de troubler ses interlocuteurs.

– Et surtout, je t'ai trouvée mignonne à la seconde où tu es entrée, ce soir, ajoute-t-elle.

– Iiirp, répond Bailey.

– Je vais prendre ça pour un « moi aussi ».

Saphir détache sa ceinture de sécurité et lui pose doucement les mains sur les cuisses. Je me détourne pour leur laisser un peu d'intimité, même si, du coin de l'œil, j'aperçois leur reflet dans le pare-brise. Bailey ressemble à un poisson rouge sorti de l'eau, mais ça n'a pas l'air de déranger Saphir. Elle pose doucement les lèvres sur les siennes. À son contact, Bailey ferme les yeux et se met à trembler. Et soudain, on dirait que tout son corps entre en fusion. Saphir recule légèrement. Les lèvres de Bailey sont luisantes de gloss et elle a l'air sonnée. Saphir paraît satisfaite.

– Tu avais raison.

– Pour quoi ? demande Bailey, confuse.

– Tu as un don.

Sur ces mots, Saphir rallume les phares, redémarre le pick-up et regagne la route.

On fonce sur l'autoroute. Les bornes kilométriques défilent. Bailey et Saphir se font les yeux doux. Je commence à avoir la nausée.

– J'adore tes cheveux, ronronne Saphir en jouant avec une mèche turquoise.

– Merci, répond Bailey. Je les teins moi-même. Tu as les yeux hyper brillants…

– Merci. Et toi, tu as des lèvres adorables…

Excédée, je me décide à intervenir :

– Et donc, Saphir, c'est ton vrai prénom ?

Elles se rappellent enfin ma présence.

– Ouais. Incroyable, non ? C'est comme si ma mère avait voulu que je turbine avec des camionneurs pour gagner ma vie, s'esclaffe-t-elle.

– Franchement, tu es douée. Très douée, lâche Bailey dans un souffle.

Les yeux me sortent de la tête.

– Merci ma chérie ! dit Saphir en lui caressant la cuisse.

Puis elle nous interroge :

– Où sont vos parents ? Vous vivez toujours chez eux ?

– Les miens pensent que je révise mes examens chez une amie, dis-je.

– Ma mère bosse à l'hôpital tout le week-end, répond Bailey. Et je n'ai pas eu de nouvelles de mon père depuis décembre, quand il nous a envoyé un mail de joyeux Hanoucca et un bon d'achat pour sa jardinerie. Sa nouvelle femme est juive, explique-t-elle. Il s'est converti quand il a déménagé à Albuquerque.

– Il y a beaucoup de Juifs au Nouveau-Mexique ?

Saphir semble légèrement confuse. Moi aussi, mais pour une autre raison.

– Ton père est à Albuquerque ?

J'ai parlé un peu plus fort que prévu. Je savais que les parents de Bailey avaient divorcé et que son père s'était remarié, mais je croyais qu'il était resté près de chez nous. Qu'elle le voyait souvent. Elle l'a toujours vénéré. Ils avaient en commun une passion pour les séries anglaises obscures et la junk food pleine de colorants. J'ai du mal à l'imaginer sans lui.

Elle s'écarte de Saphir et regarde fixement la route.

– Ouais. Dans le coin. Mais on ne passera pas lui dire bonjour, si c'est ta question.

J'aimerais savoir pourquoi. Lui demander ce qui s'est passé. Mais je m'abstiens. Parce que si j'avais été une véritable amie, je n'aurais pas eu à le faire. Si j'avais été une véritable amie, Bailey m'aurait dit qu'elle craquait sur les filles. Mais pendant toutes ces années, je n'ai pas été là pour elle. Je ne me suis souciée que de moi. Et mon indifférence a creusé entre nous un fossé que je ne peux pas franchir. En tout cas, pas au milieu de nulle part, dans un pick-up conduit par une inconnue. Alors, je me tais et je me concentre sur la route, comme elle.

Kilomètre 1017

Bailey et moi avons fini par nous assoupir, bercées par le ronronnement du moteur. Quand Saphir gare le pick-up devant une maison de plain-pied à la véranda délabrée, le jour se lève à peine. Un vieux transat traîne dans le jardin.

– *Home sweet home !* lance-t-elle en détachant sa ceinture.

Je pousse Bailey du coude. Elle marmonne un truc incohérent et essuie une trace de bave sur son menton, puis jette un coup d'œil embarrassé à Saphir. La strip-teaseuse descend déjà du véhicule.

– Je croyais que tu devais nous déposer à la gare routière, dis-je d'une voix pâteuse.

Les maisons du quartier sont toutes bâties sur de grands terrains, autour d'un petit bois en friche. Rien n'indique la présence d'une ville dans les parages.

– Je me suis dit que ça vous ferait plaisir de manger un morceau avant que je vous y conduise. Je fais une délicieuse omelette jambon-fromage.

Je regarde Bailey, puis la route, dans l'espoir de lui faire comprendre que je n'y tiens pas. En la voyant hocher imperceptiblement la tête, je sens une vague de chaleur m'envahir. On se comprend encore sans se parler. Peut-être que notre amitié n'est pas complètement morte, tout compte fait.

– Bien sûr ! approuve-t-elle gaiement. Je crève de faim !

La chaleur dans ma poitrine s'estompe.

– Super ! s'exclame Saphir en frappant dans ses mains. Venez vous installer dans la cuisine pendant que je bats les œufs.

Je fusille Bailey du regard ; elle hausse les épaules. J'attrape mon sac à dos en grognant et je leur emboîte le pas. Nous traversons un salon sombre et étriqué et longeons un couloir, au fond duquel brille une lumière jaune.

Un léger parfum de copeaux de bois flotte dans l'air, ainsi qu'une odeur musquée. En entrant dans la cuisine, je découvre avec surprise que Saphir ne vit pas seule. Deux paires d'yeux me dévisagent. Un type à la barbichette clairsemée, en débardeur taché et coiffé d'une casquette de camionneur à l'envers, est assis à la table, un furet sur l'épaule. Bailey s'arrête net en le voyant.

– Salut, nous lance-t-il d'une voix traînante, en exhalant un nuage de fumée aigre. Je m'appelle Dwayne. Vous êtes les nouvelles potes de Saphir ?

Il caresse le furet et sourit.

– Ravi de vous recevoir dans notre humble demeure. Ganja ?

Il nous tend son joint. Bailey regarde la strip-teaseuse et son compagnon à tour de rôle, confuse. Je ne suis pas sûre que son fantasme résiste à la vue de la maison miteuse et nauséabonde et des dents pourries de Dwayne.

– Vous êtes… ensemble ? demande-t-elle.

– Qui peut vraiment être ensemble ? répond le type d'un air docte. On est tous seuls au monde, mon petit.

– On sort ensemble depuis le lycée, précise Saphir en battant les œufs. Mais on a arrêté de se mettre des étiquettes.

– Ah.

Bailey, incapable d'articuler autre chose que cette syllabe, se laisse tomber sur une chaise en plastique. Alors que je cherche une excuse pour partir, l'odeur combinée des œufs, de l'herbe et du furet me retourne l'estomac. Je me renseigne d'une voix faible :

– Il y a des toilettes ?

– Au fond à gauche, répond Saphir.

Je remonte le couloir en me retenant de vomir, je pousse la porte, et je me précipite dans le réduit sans prendre la peine d'actionner l'interrupteur.

Cinq minutes plus tard, je tire la chasse d'eau. Je me sens déjà mieux. J'allume la lumière, je me lave les mains dans le lavabo et je me rince la bouche. Après avoir laissé couler le robinet quelques secondes, j'avale quelques gorgées d'eau et je me fige.

Un grand tableau d'un Jésus en pleurs, des bébés dans les bras, se reflète dans le miroir. Le Christ a des yeux douloureux, pleins de reproches. Mon estomac se contracte à nouveau. Je connais cette affiche. Je l'ai vue chez ma sœur. Je remarque alors les décorations des w.c. : une bougie votive à l'image d'une Vierge Marie enceinte, une collection de figurines de chérubins en équilibre sur l'armoire à pharmacie, une boîte de mouchoirs brodée au point de croix : « Avant que je t'eusse formé dans le ventre de ta mère, je te connaissais. »

Mon cœur bat la chamade. Puis je vois un dernier détail qui achève de me faire paniquer. Je me précipite dans la cuisine en criant :

– Il faut y aller !

Bailey me regarde, un joint entre les lèvres. Je m'arrête net.

– Je te laisse seule deux minutes et tu te défonces déjà ?

Quand je pense que je m'inquiétais pour ses sentiments !

– Le cousin de Dwayne vient de lui filer du Blackberry Kush de Californie. Il fallait absolument que j'y goûte, dit-elle en expirant longuement.

– Mon cousin a une tumeur au cerveau en phase terminale. Je vends son ordonnance pour l'aider à payer ses frais médicaux, explique Dwayne avec fierté.

Saphir lui masse les épaules, les seins pressés contre sa nuque. Elle me toise avec méfiance.

– Pourquoi es-tu aussi pressée de partir ? Tu n'as pas encore mangé mon omelette.

Je recule dans le couloir.

– Il est tard. Enfin, tôt… On doit reprendre la route.

Bailey me fixe d'un air perdu.

– Saphir ne devait pas nous emmener à la gare routière ?

– On peut marcher…

– Ouais… Mais je ne sens plus mes pieds…, glousse-t-elle.

– Ou prendre un taxi…

Bailey s'esclaffe encore.

– Je n'aime pas le jaune.

– On ne veut pas déranger. Allez, viens !

Je reviens dans la cuisine et je la tire par le bras. Bailey me regarde, puis contemple son pétard.

– Je ne l'ai pas fini.

– Tu en auras un autre plus tard. Plusieurs.

Dwayne se lève, prend son furet sur la table et le caresse affectueusement.

– Vous ne nous dérangez pas, assure-t-il.

Sa voix mielleuse me fait frissonner. Saphir hoche la tête en signe d'assentiment.

– Non, non, pas du tout.

– Tu vois. Ils disent qu'on ne les dérange pas, gémit Bailey.

Je me penche pour lui murmurer à l'oreille :

– Tema dans le loircou.

– Pourquoi tu parles comme ça ?

Je répète entre mes dents :

– Regarde dans le couloir.

Elle obéit et écarquille les yeux en voyant une pile d'affiches de manifestation peintes à la main, éclairées par la lumière des toilettes : « Stop à l'Holocauste des bébés. Avortement = Assassinat. »

– Ohhh. Pas cool…

Je l'arrache à sa chaise et je l'entraîne vers le salon. Elle glousse nerveusement.

– Je ne comprends pas…, postillonne-t-elle.

Je lui secoue le bras pour qu'elle se dépêche.

– Je suis horrifiée, mais je ne peux pas m'arrêter de rire, avoue-t-elle.

– Je te déteste.

– C'est trop drôle !

– Tout ça, c'est de ta faute.

– Tu n'arrêtes pas de le répéter !

– Ne partez pas. Je vous laisserai caresser Malachi, nous lance Dwayne lorsque nous atteignons l'entrée.

Le couple est à la porte du salon, auréolé par la lumière dorée de la cuisine. Dwayne caresse le furet qui se tortille dans ses bras.

– Non, merci. Pas cette fois.

Je pose la main sur la poignée. Je m'attends à ce que l'un d'eux me fonce dessus pour m'empêcher de sortir, mais ils restent immobiles, sereins. J'ouvre la porte et je la referme dans un même élan.

– Comment… ?

Sidérée, je me tourne vers Saphir, qui sourit béatement. Bailey nous regarde sans comprendre.

– Quoi ? Il y a quoi, dehors ?

À son tour, elle ouvre le battant et le claque aussitôt.

– Ça alors, s'exclame-t-elle ! Je suis tellement défoncée que je viens de voir Kevin !

On tambourine à la porte.

– Mon amour ? Ouvre-moi !

– Laisse-le entrer, ma grande. Il veut te parler, intervient Saphir.

Bailey nous considère à tour de rôle, perplexe. Elle rouvre la porte. Kevin est toujours là.

– Malédiction ! Il est réel ! glapit-elle, avant de lui claquer la porte au nez.

Je lance un regard assassin à Saphir.

– C'est toi qui l'as prévenu ! Tu as fouillé dans mon téléphone pendant que je dormais ?

La strip-teaseuse ne s'excuse même pas.

– Je devais trouver quelqu'un qui tenait à toi. Quand j'ai vu la photo de ce garçon sur ton fond d'écran, j'ai compris que Jésus voulait que je le contacte.

– Mais comment tu as fait ? Tu m'as vue taper mon code ? Utiliser mon pouce ?

Bailey grimace.

– Tu crois que c'est vraiment le problème, là ?

– Il t'a envoyé tellement de messages d'amour, continue Saphir. On a eu une conversation très enrichissante. Sais-tu qu'il t'a suivie à la trace toute la nuit ? Quelle chance tu as…

Bailey comprend enfin :

– Attends… c'est pour ça que tu nous as ramenées chez toi ? Je croyais que c'était à cause de mes jolies lèvres !

Saphir hausse les épaules.

– Un peu aussi.

Elle se tourne vers moi.

– Je devais sauver ce petit ange qui pousse dans ton ventre.

Dwayne hoche la tête d'un air pénétré.

– Si tu fais ce que tu as prévu, tu brûleras en enfer pour l'éternité.

Bailey me regarde, paniquée. Elle attend que je réagisse. Que je hurle, que je me sauve en courant... Mais je suis clouée au sol. Dwayne vient de prononcer les mots que j'essaie d'ignorer depuis le début. L'enfer. L'éternité. Des lacs de flammes et de soufre brûlant. Les larmes me piquent les yeux. Le sourire de Saphir s'adoucit.

– Ne t'inquiète pas, ma grande. Il y a un centre qui peut t'aider en ville. Tu peux encore faire le bon choix. Laisse ton ami entrer.

Dans la véranda, Kevin s'impatiente :

– Mon cœur, tu ne peux pas aller là-bas ! Saphir dit que les avortements sont super risqués !

Dwayne me montre le canapé.

– Assieds-toi. On va discuter de tes options.

– Ce n'est pas par hasard si Jésus t'a donné cet enfant, ajoute Saphir.

Je tremble de tout mon corps. C'est trop. Je suis tout près de céder. Il me suffirait d'ouvrir la porte et de laisser Kevin entrer. Ce serait tellement facile. Je tends une main vers la poignée. Les yeux de Saphir s'allument. Bailey éclate de rire.

– Désolée. Je sais que l'heure est grave, mais il faut m'expliquer un truc. Est-ce que Jésus est branché strip-tease, maintenant ?

C'est comme la fois où elle m'a réveillée en versant un verre d'eau glacée dans mon pyjama après que je me suis endormie pendant son épisode préféré d'*Alien Theory*. Je retrouve soudain l'usage de mes membres et je recule brusquement. Saphir se justifie :

– Je suis sauvée par Jésus le Seigneur. Et il me pardonne !

Bailey a un sourire narquois.

– Après chaque danse ? Ou il t'accorde un grand pardon géant à la fin de chaque nuit ?

Saphir pousse un hurlement de rage. Dwayne lui pose une main sur l'épaule.

– Du calme. Prions plutôt tous ensemble.

Saphir acquiesce d'un bref signe de tête.

– Tu as raison, chéri.

Ils vont s'asseoir sur le canapé. Elle prend la main de Dwayne, qui incline la tête et se tourne vers moi.

– Joignez-vous à nous.

Dwayne pose délicatement Malachi par terre et me tend une main. Je la regarde comme si c'était une vipère.

– Tu risques d'attraper un cancer du sein, ma chérie ! murmure Kevin.

Je capte le regard de Bailey et je lui indique le couloir menant à la cuisine.

– Porte de derrière !

Nous décollons comme des fusées. Je saute par-dessus la table basse pendant que Bailey contourne un vieux fauteuil. Dwayne se lève d'un bond.

– Attendez !

Je remarque soudain qu'il est immense. Et il a des biceps impressionnants !

– On veut juste t'aider ! crie Saphir lorsqu'on arrive dans la cuisine.

Dwayne gagne du terrain. Heureusement, sa grande taille le rend pataud.

– Là ! dis-je, en voyant le jour filtrer à travers la porte vitrée.

Bailey se cogne dans la table, envoyant valser tout ce qu'il y a dessus. Dwayne entre dans la pièce en titubant.

– Pas cool ! grogne-t-il en constatant les dégâts.

Il s'agenouille pour ramasser les feuilles de cannabis éparpillées par terre.

– Dwayne ! rugit Saphir derrière lui.

Bailey s'arrête, distraite par les joints qui roulent sur le lino. Je la tire par le bras.

– Ah non, hein !

Deux secondes plus tard, nous culbutons sur les marches glissantes du perron et atterrissons à quatre pattes dans le jardin. L'herbe est couverte de rosée. L'humidité s'infiltre dans mon jean.

– Je ne suis plus stone du tout, regrette Bailey.

– Désolée, j'ai du mal à te plaindre. C'est quand même à cause de toi qu'on est dans ce pétrin.

– Si on s'en sort vivantes, je crois que ça valait le coup, lâche-t-elle entre deux halètements. J'ai embrassé une fille…

Je me prépare à piquer un nouveau sprint, quand une paire de Nike éraflée apparaît dans mon champ visuel.

– Chérie.

Je me relève et me retrouve nez à nez avec Kevin. Bailey essaie de s'interposer.

– Pousse-toi, pot de colle ! grogne-t-elle, menaçante.

– Ferme-la, toi ! On ne t'a rien demandé ! rétorque-t-il.

Il se tourne vers moi, la mine sérieuse.

– Si tu fais ça, tu ne pourras peut-être plus jamais avoir d'enfants.

Je le regarde fixement, sidérée par l'absurdité de ce que je viens d'entendre.

– Qu'est-ce que tu racontes ?

– Toi, tu t'es fait embobiner par le docteur Striptease et l'infirmière Furet, diagnostique Bailey.

Kevin ignore le sarcasme.

– Je suis venu pour te sauver, Veronica.

Il ouvre les bras. Il est tellement sûr de lui. Je recule à côté de Bailey.

– C'est elle qui me sauve, imbécile.

Je sens qu'elle sourit.

– Exact ! s'exclame-t-elle en me poussant sur le côté. À l'attaaaque !

L'instant d'après, elle lui balance un coup de Rangers dans l'aine. Kevin empoigne ses parties génitales et se plie en deux en miaulant comme un chaton. Bailey me tend la main.

– Tu viens, Veronica ?

On contourne la maison en courant.

– Ça faisait des heures que j'en avais envie, m'avoue-t-elle. Pour être honnête, j'en rêve depuis la première fois que j'ai vu sa tête de con. Tu fermais les yeux quand tu couchais avec lui, ou quoi ?

– Bailey ! Je te suis très reconnaissante d'avoir écrabouillé les bijoux de famille de Kevin. Ne gâche pas tout.

Elle hoche la tête.

– Compris. Fichons le camp.

– Comment ?

Dans la maison, Saphir et Dwayne se disputent toujours au sujet de l'herbe, mais quelque chose me dit qu'ils ne vont pas tarder à reprendre leurs esprits. Bailey fonce vers le pick-up. La portière est verrouillée.

– Essaie le monospace, me crie-t-elle.

Je cours vers la voiture de Kevin et je tire sur la poignée.

– Elle est fermée aussi ! Tu ne peux pas casser une vitre ?

– J'ai l'air d'une voleuse de voiture professionnelle ?

– Et la Chevrolet ?

– Trav avait laissé les clés à la maison.

Je panique.

– Qu'est-ce qu'on fait, alors ?

– Je ne sais pas. Je regrette de ne pas avoir ramassé l'herbe dans la cuisine. C'est la meilleure que j'ai jamais fumée.

– Tu te fiches de moi ?

– On voit que tu n'y as pas goûté.

– Bailey, on ne peut pas rester là ! Filons !

Elle regarde par-dessus mon épaule.

– Trop tard !

Je me retourne. Saphir vient de surgir du jardin à côté d'un Kevin boitillant. Dwayne arrive de l'autre côté. Adossées au pick-up, on est faites comme des rats.

– Non ! Il n'est pas trop tard ! crie Saphir. Il n'est jamais trop tard avec Jésus ! Ce garçon est prêt à devenir père !

Kevin lâche un gémissement affirmatif. Dwayne brandit une feuille de papier A4 où il a imprimé une espèce de diplôme.

– Je suis apprenti pasteur à l'église pentecôtiste LifeSong, nous apprend-il. Je peux vous marier tout de suite !

En voulant reculer, je sens le métal froid du pick-up dans mon dos. J'implore Bailey :

– Fais quelque chose.

Elle contemple la maison d'un air rêveur, comme si elle ne m'avait pas entendue. J'insiste :

– Bailey…

Elle s'élance, se faufile entre le trio, bondit sur le perron et entre dans la maison. Le désespoir m'accable.

– Je rêve ! Tu m'abandonnes à ces tarés pour de l'herbe ?

Saphir sourit. Une lueur fanatique fait briller ses yeux. Elle pousse Kevin dans le dos.

– Va la voir !

– Hé, doucement ! proteste-t-il.

– Jésus est de ton côté, l'encourage Dwayne.

Rassuré de me voir seule, Kevin s'approche de moi.

– Mon cœur, ne te précipite pas. Qu'est-ce que ça te coûte de prendre rendez-vous dans le centre dont ils te parlent ? Ça pourrait t'aider à comprendre des choses. Tu risques de prendre la mauvaise décision et de le regretter. En plus, Saphir dit qu'ils nous donneront plein d'échantillons de puériculture gratuits. C'est cool, non ?

L'herbe crisse sous ses pas. Je m'appuie contre la camionnette en fermant les yeux, comme si je pouvais disparaître à l'intérieur. Kevin s'approche encore. Il est si près que je sens la chaleur irradier de son corps.

– On ira ensemble.

– Reculez, bande de connards !

Kevin sursaute. Je rouvre les paupières et je vois Bailey debout sur le perron, qui tient le furet par la peau du cou. Dans l'autre main, elle brandit le Taser de sa mère. L'animal agite frénétiquement ses petites pattes.

– Malachi ! s'alarme Dwayne.

Bailey a un sourire féroce.

– Je ne plaisante pas. Vous vous éloignez tous de mon amie, ou je grille le furet.

Changés en statues, nous fixons Bailey avec stupéfaction. Elle nous toise d'un air farouche. D'une pichenette, elle allume le Taser, qui produit des étincelles. Une nouvelle vague de chaleur m'envahit.

Dwayne bat en retraite.

– Faites ce que dit la folle ! ordonne-t-il.

Saphir lève les yeux au ciel, mais recule aussi.

– Toi aussi ! crie-t-elle à Kevin.

Il nous regarde à tour de rôle, Saphir et Dwayne et moi, puis Bailey et le furet. Il lève le menton en signe de rébellion, puis voit Dwayne se masser les articulations et se ravise. Il lève les mains et rejoint le couple à reculons. Dwayne hoche la tête.

– Sage décision, mon pote ! J'ai élevé Malachi depuis qu'il est né. Je l'ai nourri au biberon, et tout…

Tandis que je m'affale contre la carrosserie, Bailey descend du perron et s'approche de moi sans quitter des yeux le trio. Elle tient toujours le furet devant elle.

– Maintenant, écoutez-moi bien, articule-t-elle en soulignant chaque mot avec un geste de son Taser. Vous allez nous donner les clés du pick-up…

– Dans tes rêves ! grogne Saphir. Vas-y, fais frire le rongeur.

– Chérie, non ! s'exclame Dwayne.

– Elles n'auront pas le pick-up, siffle-t-elle. Il est à moi.

Le couple se dispute à voix basse. Bailey tourne le Taser vers Kevin.

– Très bien. File-nous les clés de ta voiture.

Il regarde ses chaussures, les joues marbrées de rouge.

– Jecroisquejelesaienferméesdedans, marmonne-t-il.

– Pardon ? demande Bailey.

– Je crois que je les ai enfermées dedans, répète-t-il.

Tous les regards se tournent vers lui.

– Il est sérieux ? s'étrangle Saphir.

Kevin se ratatine, gêné.

– J'allais vous demander si vous aviez le numéro d'un dépanneur.

– Tu as une autre idée pour filer d'ici ? me glisse Bailey à l'oreille.

Je secoue la tête. Elle soupire.

– Ç'aurait été beaucoup plus cool si on avait pu voler une voiture. Mais bon…

Elle se tourne vers Saphir, Dwayne et Kevin.

– OK. Plan C.

Elle lance Malachi vers le trio. Le furet fait un vol plané en agitant ses pattes minuscules, le dos arqué. Il atterrit lourdement sur l'herbe et culbute plusieurs fois avant de s'arrêter aux pieds de Dwayne.

– Cours ! me hurle-t-elle, avant de détaler en direction du petit bois.

Je m'élance derrière elle.

– Où on va ?

– Aucune idée ! Mais je ne vois pas d'autre moyen de les semer.

Terrifiées, à bout de souffle, nous nous engouffrons dans un sous-bois tout droit sorti d'un film d'horreur. Pourtant, une lueur de plaisir étincelle dans l'œil de Bailey.

– Ne me dis pas que tu adores ça !

– Avoue que toi aussi !

C'est ridicule, mais je suis bien obligée de l'admettre. Je suis dopée aux endorphines et je me sens plus vivante que jamais.

J'accélère et je m'enfonce sous les arbres.

Kilomètre 1019

Nous courons à l'aveuglette dans la forêt. Les feuilles sèches crissent sous nos pieds et nos poursuivants halètent derrière nous.

– Vous foncez vers l'enfer ! nous crie Saphir.

Je saute par-dessus un rondin, je contourne un genévrier mort et je balaie du regard la zone devant moi, à la recherche d'un chemin praticable. Et soudain, je comprends pourquoi Saphir n'a pas l'air de s'en faire.

– Bailey ?

– Ouais ?

– Tu vois ce que je vois ?

– Si tu vois une falaise, alors ouais.

– C'est ça.

Devant nous, le bois s'arrête net. Au-delà, c'est l'inconnu. Impossible de deviner la hauteur du dénivelé.

– On continue à courir, dis-je.

– On continue, acquiesce Bailey.

Sa respiration saccadée est rythmée par le battement de ses pieds. Derrière nous, les branches craquent de plus en plus près. Dwayne et Kevin gagnent du terrain et la falaise se rapproche inexorablement.

– On ne s'arrête pas.

– On ne s'arrête pas, confirme Bailey.

– On risque de se faire très mal.

– Je sais.

Le sous-bois laisse la place à des taillis clairsemés ; le bord de la falaise n'est plus qu'à quelques mètres. Je lorgne Bailey. Ses cheveux turquoise, en bataille, sont parsemés de feuilles mortes. Son eye-liner a tellement coulé qu'elle a des cernes de panda, mais ses yeux brillent. Sa chemise découvre son ventre et son jean skinny lui descend sur les fesses. Elle halète comme un chien. Et soudain, une émotion me serre la gorge, plus forte que tout ce que j'ai pu ressentir avec Kevin. Et une certitude me frappe :

– Bailey ? Je sais que j'ai été horrible… mais tu es la meilleure amie que j'aie jamais eue !

Elle me regarde à travers ses cheveux, souffle une mèche qui tombe devant sa bouche et sourit.

– Pareil pour moi.

Je lui tends la main. Elle la prend et on pique un dernier sprint vers l'inconnu.

On atterrit dans un fossé d'évacuation boueux, un mètre cinquante plus bas.

– Oouiiiiille, gémit Bailey en empoignant son tibia.

Je me mets à quatre pattes pour vérifier que je n'ai rien de cassé. Je suis un peu sonnée, mais ça va. Je ramasse mon téléphone portable couvert de vase et je le range dans ma poche. Quelque part au-dessus de nous, j'entends Kevin :

– Chééééríe ?

– Vite ! Là-dedans.

Je l'entraîne vers un collecteur d'eaux de pluie qui s'ouvre à quelques mètres de nous. Il dégage une odeur infecte, mais l'intérieur est si sombre que personne ne nous verra. On s'y introduit en rampant. Blotties l'une contre l'autre, on entend nos poursuivants arpenter le sous-bois au-dessus de nous.

– Mon trésor, reviens ! Tu as perdu la tête.

– Ah, merde ! J'ai de la boue plein les pieds. C'est dégoûtant. Je rentre !

– J'irais bien casser une petite croûte. Si on allait faire un tour chez Denny's ?

– Chérie ! Les séquelles des avortements sont terribles ! Tu risques une dépression !

– Bon, j'ai trop faim. J'abandonne…

– Avant de partir, vous pouvez m'appeler un dépanneur ?

Quand le silence retombe, je sors mon téléphone et je tapote l'écran. Il reste noir.

– Non !

Je le tapote à nouveau, puis j'enfonce le bouton d'alimentation. Toujours rien.

– Non, non, non !

Bailey se penche.

– Merde. Ça craint.

– Oui, c'est une catastrophe. Les filles vont…

Elle cligne des yeux, incrédule.

– Attends. C'est ça qui t'inquiète ? Pas d'avoir perdu le seul moyen qu'on avait de se repérer ?

– Tu ne comprends pas. Elles attendent que… Elles veulent… Elles ont toujours…

Je tremble violemment. Bailey me passe un bras autour des épaules.

– Ça fait beaucoup de « elles ».

Je me détends un peu.

– Ouais. Tu as raison.

Bailey contemple encore un instant l'écran noir, puis murmure :

– C'était un bon téléphone.

J'étrangle un petit rire et j'appuie ma tête contre la sienne. On écoute le chant des oiseaux. Quand le soleil chasse la brume matinale, nous sortons de notre cachette en rampant dans la boue.

– Tu as une idée d'où on est ?

Elle secoue la tête.

– Non. Mais j'ai un bon pressentiment.

Je regarde le petit bois autour de nous. Une lumière diaphane teinte d'argent les pointes des feuilles. J'inspire une grande bouffée d'air frais et je lui souris.

– En fait, moi aussi.

Bailey ouvre grand les bras et se retourne.

– Choisis une direction, n'importe laquelle !

Je pointe un doigt devant moi.

– Par là.

Elle me tend une main. Je l'attrape. Son contact est tiède et familier.

– En avant !

L'instant d'après, nous partons main dans la main en piétinant les feuilles mortes.

Kilomètre 1020,5

– J'en ai marre de marcher.

Kilomètre 1022

Assises au bord d'un champ, nous trempons les pieds dans un petit ruisseau. Bailey pousse des gémissements qui frisent l'obscénité quand l'eau lui éclabousse les chevilles. J'examine mes ampoules.

– Je crois que les Adidas n'ont pas été conçues pour la randonnée.

Mon optimisme s'est éteint. Le temps file, et on est toujours au milieu de nulle part.

Soudain le sifflement lointain d'un train masque le gazouillis des oiseaux. Bailey interrompt ses cris d'extase.

– Tu as entendu ça ? C'est la solution à notre problème ! Regarde !

Une voie ferrée traverse le champ, à une dizaine de mètres sur notre droite. Je tempère son enthousiasme :

– Je ne vois pas de gare.

Elle hausse les sourcils.

– Et alors ?

Je dois avoir l'air sceptique, car elle ajoute :

– On a encore cinq cents kilomètres à faire, au moins. Et je parie qu'il va dans la bonne direction…

– Je ne sais pas trop, Bailey…

Elle se lève et sourit.

– Tu as toujours un bon pressentiment, non ?

Je m'y accroche désespérément. Sans répondre, je ramasse mes chaussures au bord du ruisseau et je me lève. Un instant plus tard, nous gravissons le remblai qui borde la voie ferrée. Je plisse les yeux et je regarde au loin. Le train n'est toujours pas en vue.

– On fait quoi ? On court à côté et on saute dedans ?

– Ouaip ! Comme les clochards d'antan.

Le train apparaît enfin : une simple tache noire à l'horizon. Bailey s'accroupit, prête à bondir. Je l'imite. Le train siffle à nouveau. Je sens le sol trembler à travers mes baskets. Les vibrations se propagent dans les os de mes pieds et remontent jusque dans mes jambes.

– OK ! reprend Bailey sans quitter la locomotive des yeux. Quand il arrive, on cherche un wagon ouvert et on saute dedans. Fais comme moi.

J'acquiesce d'un signe de tête, la gorge trop serrée pour parler. Le train n'est plus qu'à une trentaine de mètres. Il est énorme, presque aussi haut que ma maison. Ses flancs argentés sont luisants. Un coup de klaxon déchire l'air. Bailey regarde brièvement par-dessus son épaule et me crie quelque chose.

– Quoi ?

J'ai hurlé, mais le son de ma voix est étouffé par le

fracas du colosse d'acier qui déboule sur nous. Bailey fait une nouvelle tentative. Cette fois, je l'entends :

– C'est une mauvaise idée !

Elle m'attrape la main et me tire en arrière. Nous atterrissons sur les fesses dans le champ, au pied du remblai. Assises dans l'herbe, on regarde le train disparaître à la vitesse de l'éclair. Bailey incline la tête.

– La vache ! Ces vieux clochards devaient avoir une forme olympique.

Sa voix me parvient comme dans un rêve. Je fixe le train qui disparaît dans le lointain, ma dernière chance de rejoindre le Nouveau-Mexique. Mon optimisme a disparu, remplacé par un sentiment de rage incontrôlable.

– Je ne devrais pas être là !

Je me relève et je balance un coup de pied dans le remblai.

– JE…

Coup de pied.

– … NE DEVRAIS…

Coup de pied.

– … PAS…

Coup de pied.

– ÊTRE LÀ !

Puis je repars au pas de charge.

– Je devrais pouvoir aller au bout de la rue, et dire : « Bonjour, je m'appelle Veronica. Mon petit ami est un connard, voilà mes cinq cents dollars. Oui, je veux bien un verre d'eau, merci beaucoup. Dix minutes d'attente ? Pas de problème ! »

Je me tourne vers Bailey.

– Mais non ! Je dois me taper mille six cents bornes, me faire voler ma voiture, me faire kidnapper par une strip-teaseuse, perdre mes fiches de révisions, et me retrouver dans un putain de champ, à essayer de monter dans un putain de train qui refuse de ralentir, alors ALLEZ VOUS FAIRE FOUTRE, PUTAINS DE LOIS DU MISSOURI !!!

J'escalade le remblai et j'essaie de soulever les rails à mains nues.

– ARRRRRGGGGGGGHGHHHHH !

Bailey me rejoint tranquillement et s'arrête à côté de moi.

– J'ai toujours un bon pressentiment, me dit-elle.

– Mais comment tu fais ?

– Regarde.

Elle pointe un doigt devant elle. Au loin, de l'autre côté de la voie ferrée, on aperçoit des édifices aux formes géométriques. Une ville.

Kilomètre 1024

Nous piétinons l'asphalte fissuré d'une cour de collège. Un filet de basket-ball déchiré s'agite dans la brise. Après mon pétage de plombs, je me sens un peu mieux. J'ai à nouveau un bon pressentiment, mais c'est peut-être seulement parce que Bailey marche à côté de moi. La banlieue est calme et déserte au petit matin. Bailey inhale profondément.

– Ah, la délicieuse odeur d'angoisse existentielle et de déodorant en spray ! s'exclame-t-elle. Ça m'aurait presque manqué…

Nous passons près d'un jeu décrépi. Un vieux ballon dégonflé pend au bout de la chaîne. Je frappe machinalement dedans et elle oscille autour du piquet.

– Je parie que je peux encore te battre.

Bailey plisse les yeux.

Deux minutes plus tard, notre rire retentit sur le terrain de sport, tandis qu'on s'échine à tour de rôle à faire tourner un ballon triste autour d'un poteau.

Kilomètre 1026

– Je maintiens que tu as triché, grommelle Bailey.

– Ce n'était pas de la triche. C'était de la stratégie.

– Ouais. Eh bien, je prendrai ma revanche au prochain collège qu'on trouvera au milieu de nulle part.

Je ris.

– Marché conclu !

Nous arpentons la rue principale déserte. La plupart des commerces sont barricadés. C'est le genre de ville où plus personne ne vit, et ceux qui sont restés guettent la moindre occasion de partir. Je sors mon téléphone et je tapote l'écran, pleine d'espoir. Il est toujours HS. Ce n'est pas avec ça qu'on va trouver un moyen de transport.

– On devrait peut-être recommencer à faire du stop.

Bailey hausse un sourcil.

– Je sais bien qu'on dit jamais deux sans trois, mais bon…

La panique me gagne.

– Je suis censée être au Nouveau-Mexique dans trois heures.

– C’est trop risqué, objecte-t-elle. La seule chose que je veux voir mourir pendant ce voyage, c’est ton emb…

– Argh ! Bailey !

Elle feint l’innocence.

– Quoi ? Je vais trop loin ?

– Oui ! je crie, consternée.

– Chut.

– Toi, chut ! C’est toi qui dis des trucs horribles. Ce n’est même pas drôle, en plus.

– Non. Tais-toi, insiste-t-elle.

Elle me montre une vitrine, de l’autre côté de la rue, où est placardée une grande affiche : « Chez Mitch Location de limousines à la soirée ». Un homme souriant, qui cache sa calvitie sous une mèche rabattue, pose devant une limousine blanche. Il y a un numéro de téléphone. J’ai plusieurs objections :

– Il est, genre, 7 heures du matin. Ils ne sont pas encore ouverts et on n’a pas de téléphone.

Mais Bailey traverse déjà la chaussée en courant. Le temps que je la rattrape, elle frappe à la porte.

– C’est exactement ce qu’il nous faut !

– Une limousine pour le Nouveau-Mexique… Mais enfin, ça va coûter une fortune ! On n’a pas les moyens.

– Veronica, si tu veux avoir une chance d’arriver à l’heure à ton rendez-vous, on ne peut pas être trop exigeantes.

Elle continue à tambouriner. Le bruit résonne dans le silence du petit matin. Je grimace.

– Regarde : les horaires sont affichés sur la porte. Ça n'ouvre qu'à 9 heures.

Mais Bailey n'en démord pas.

– Je suis sûre que Mitch est le genre de type qui dort au bureau.

– Bailey…

Elle arrête de frapper et se tourne vers moi, sereine, pleine de certitude.

– Veronica, c'est notre destin.

Alors, à ma grande surprise, la porte s'ouvre.

Dix minutes plus tard, nous nous installons à l'arrière de la plus vieille limousine que j'ai jamais vue. Les sièges sont en cuir mauve, assortis à la moquette violette tachée qui tapisse le plancher. Une télé antique est fixée dans un angle et quelques flûtes à champagne poussiéreuses sont posées dans le minibar encastré. Une odeur de menthe et de déception plane dans l'habitacle. Bailey est fébrile.

– Yes ! C'est comme ça qu'on doit aller se faire avorter ! Comment n'y a-t-on pas pensé plus tôt ?

Elle appuie sur les boutons de son accoudoir. Le toit s'entrouvre de quelques centimètres, avant de s'immobiliser. Déçue, elle fait une nouvelle tentative. Le toit grince, mais ne bouge pas d'un millimètre. Bailey se penche en avant et frappe à la vitre fumée, qui coulisse aussitôt. Un vieil homme latino coiffé d'un chapeau de cow-boy blanc se retourne.

– Oui ?

– Salut ! On s'est rencontrés il y a une minute. C'est vous, Mitch ?

Le chauffeur secoue la tête.

– Je suis son beau-frère.

– Ah. Pas de problème. Comment vous vous appelez ?

– Bob.

– Enchantée, Bob ! Je me demandais si vous pouviez nous aider. Le toit ouvrant est coincé.

Bob jette un coup d'œil au-dessus de nos têtes. Puis il hoche la tête.

– Oui. Il ne s'ouvre pas plus.

– Vous êtes sûr ?

– Oui.

– Parce que j'espérais avoir un toit ouvrant. C'est la première fois que je monte dans une limousine, et je voulais en profiter à fond. Auriez-vous une autre limousine quelque part ? Avec un toit ouvrant ?

– Non.

– Vraiment pas ?

– Non.

Sur ces mots, il relève la vitre et démarre. Bailey s'effondre sur son siège.

– C'est incroyable, non ?

– Qu'à 7 heures du matin, dans un village de deux cents habitants, il n'y ait pas d'autre limousine disponible ? Ouais. Sur ce coup-là, je suis plutôt d'accord avec Bob, dis-je.

Kilomètre 1091

Après avoir traversé des plaines désertes constellées de moulins à vent qui tournoient paresseusement, notre limousine roule à tombeau ouvert sur l'autoroute. Bailey, debout, sort les bras par la petite fente du toit ouvrant poussiéreux et pointe les majeurs vers le ciel.

– WOOOOOOOO-OOOOOOUH !

Elle se tourne vers moi, échevelée, le regard triomphant.

– Veronica, viens !

Je secoue la tête.

– Non. Je ne peux pas.

– Tu plaisantes ? À quoi servent les limousines, alors ?

Son sourire s'estompe quand elle constate que je reste assise. Je souris.

– Je ne peux pas tant que je n'ai pas mis une musique festive !

Je me penche pour allumer la radio, et soudain, comme si Dieu en personne contrôlait les ondes, « *We Are Young* » s'échappe des haut-parleurs. L'instant d'après, nous chantons à tue-tête, côte à côte, les bras en l'air et la tête collée au plafond. Bailey a retrouvé son sourire. Elle rayonne littéralement.

– J'adore les limousines ! Je ne veux plus rouler dans autre chose !

– OK ! dis-je, incapable de me débarrasser de mon sourire idiot.

La chanson terminée, nous nous affalons sur la banquette, essoufflées.

– Tu aurais vraiment dû tomber enceinte plus tôt, remarque Bailey.

Je grogne :

– Et toi, tu devrais apprendre à te taire.

Elle attrape la télécommande et allume la télé. Un talk-show s'affiche à l'écran. Des invités élégants bavardent autour d'un café.

– Ah, parfait ! commente-t-elle. Voyons si la blonde est à nouveau bourrée. Surveille-la : elle va se pencher vers la gauche.

Pendant qu'elle est captivée par l'écran, j'en profite pour la regarder à la dérobée. Bailey a parcouru plus de mille kilomètres pour moi. Elle a téléphoné à la clinique parce que j'avais trop le trac pour le faire. Elle a donné un coup de pied dans les c*** de mon ex. Elle a fait tout ça pour quelqu'un qui ne lui avait pas adressé la parole depuis la troisième. Pour la première fois depuis le début de notre voyage, j'ai envie de savoir :

– Pourquoi ?

Bailey ne prend même pas la peine de quitter l'écran des yeux.

– Parce que, idiote.

– Mais j'ai été horrible avec toi.

– Ouais.

– Et tu es venue quand même.

– Ben ouais. Tu m'as proposé de me payer.

– Tu n'avais pas besoin d'argent. Pas vraiment.

– Je m'ennuyais.

– Ton week-end idéal consiste à regarder Netflix avec un saladier de Doritos sur les genoux.

Bailey fixe obstinément la télévision.

– Bailey…

– Peut-être parce que je ne voulais pas avoir mon diplôme sans te donner une dernière chance, lâche-t-elle finalement. Ou peut-être que c'est juste parce que…

Elle s'interrompt et montre l'écran, hilare.

– Tu as vu ? Elle s'est penchée !

– Tu me sauves la vie, je chuchote.

– Elle recommence ! exulte Bailey. Oh là là, elle a encore abusé du chardonnay !

– Bailey.

– Je t'ai entendue. Tout va bien. Je suis dans une limousine, en train de regarder mon émission préférée du matin. Ça roule.

Elle évite mon regard, mais un instant plus tard, elle renifle et se frotte subrepticement le nez. Je l'observe encore une minute. Décidément, elle ne veut pas comprendre. Je dois faire quelque chose. Lui montrer que je suis là pour elle, moi aussi.

– Si tu veux, une fois qu'on en aura fini avec mon... truc, on pourra aller voir ton père.

– Plutôt m'arracher les yeux avec une fourchette !

Je soupire. Avec Bailey, rien n'est jamais simple.

– Réfléchis quand même...

– C'est tout vu. Je préfère m'arracher les yeux avec une fourchette.

Elle se désintéresse enfin de la télé et me regarde.

– Écoute, tu en fais déjà assez pour me prouver ton amitié. Tu m'emmènes visiter le plus grand site historique du pays : Roswell. Je vais voir des aliens !

Je soupire. Proposer à Bailey d'aller voir son père était un moyen facile de me racheter. Sauf qu'elle n'est pas facile, justement. Elle ne l'a jamais été. C'est pourquoi je me suis empressée de me faire de nouvelles amies au lycée. Des amies que tout le monde apprécie. Qui font ce qu'on attend d'elles. Qui ne remettent pas tout en question en permanence. Des amies moins impulsives. Qui ne me demandent rien. Des amies simples. Sans caractère.

Mais Roswell...

Je pensais qu'après le vol de la voiture, Bailey s'était fait une raison. Aller à Roswell nous obligerait à faire un détour de plusieurs centaines de kilomètres sur le chemin du retour. Je ne sais même pas comment on pourrait s'y rendre ni combien de temps on mettrait pour rentrer chez nous en car, ensuite. Si on fait ce détour, mes parents risquent de découvrir le pot aux roses. Seulement, je lui ai fait une promesse…

– Tu as raison : ce n'est pas en t'emmenant voir ton père que je peux rattraper ces quatre dernières années. Ni en allant à Roswell, d'ailleurs. Je ne peux rien faire pour réparer mes torts, mais je vais quand même essayer. Donc, si c'est vraiment ce que tu veux, on y va.

Bailey cligne des yeux, comme si elle était surprise par ma réponse. Elle hoche la tête.

– Les visites partent de la vieille ville à 11 heures, 13 heures et 15 heures. J'ai regardé quand mon père a déménagé à Albuquerque. C'est trente-cinq dollars par personne.

J'acquiesce en silence.

– Super ! applaudit-elle. On va voir le Hangar 84 ! C'est là qu'ils conservent les corps !

– Tu sais, cette histoire d'extraterrestres, c'était il y a longtemps, dis-je. Ça m'étonnerait que les aliens continuent de se pointer là-bas. Tu ne seras pas déçue si on ne voit rien ?

Bailey lève les yeux au ciel.

– T'inquiète. Je sais comment fonctionnent les extraterrestres.

Je secoue la tête. « Elle sait comment fonctionnent les extraterrestres… » Prise d'une soudaine inquiétude, je la préviens :

– On n'entre pas dans les zones interdites !

Bailey souffle.

– Mais non.

– On fait juste les trucs pour les touristes.

– OK. Juste les trucs pour les touristes.

– Marché conclu !

Je tends la main. Elle la prend en souriant et la serre. Puis une lueur diabolique passe dans ses yeux.

– Il y a une partie de cette limousine qu'on n'a pas explorée.

Elle ouvre le minifrigo d'un geste théâtral. Il est vide, à l'exception d'une bouteille d'eau.

– Ça ne va pas le faire…, grommelle-t-elle, les yeux plissés.

Elle appuie sur le bouton de l'interphone.

– Bob !

Cinq minutes plus tard, Bailey sort d'un magasin de spiritueux avec une bouteille emballée dans un sac de papier, tout sourire. Elle monte dans la limousine et me jette le sac. Je sors la bouteille.

– De la liqueur de pêche ?

– Ouais. Les finances sont au plus bas.

Elle sort du bar une coupe de champagne tachée de calcaire.

– Allez, on trinque !

Elle verse un fond de liqueur dans la coupe et me la tend. Je la regarde un instant, avant de la reposer.

– Je ne peux pas.

Bailey hausse un sourcil.

– Ah… J'espère que ce n'est pas pour protéger l'embryon, parce que…

– Non.

J'ai beau le nier, Bailey a vu juste. Comme si le fait de boire de l'alcool rendait ma décision irrévocable. Elle m'étudie en fronçant les sourcils. Je me dépêche de sourire et je lui rends le verre. Elle hausse les épaules.

– De toute façon, je pense qu'ils te préféreront sobre, à la clinique. Ils ne laisseront pas une adolescente ivre se faire avorter. Mais ils n'ont pas parlé des accompagnants.

Elle vide la coupe d'un trait et siffle :

– Waouh, ça brûle juste comme il faut !

Puis elle sort un magazine du sac en papier.

– Bon, c'est l'heure du quiz ! On va découvrir quelle position sexuelle correspond à nos signes du zodiaque…

Je ris. Nous nous interrogeons mutuellement pendant que Bailey continue à boire la liqueur à la bouteille. Bientôt, sa voix devient pâteuse. Elle pose la tête sur mes genoux en bâillant.

– Je ferme un peu les yeux…, me prévient-elle.

Je ne prends pas la peine de lui répondre. Le magazine me glisse des doigts et je ferme les paupières à mon tour. Le roulis de la limousine et le grondement du moteur me bercent. Je m'endors.

Kilomètre 1572

Un vrombissement insistant contre ma cuisse m'extirpe de mes rêves brumeux. J'ouvre les yeux. C'est mon téléphone. Je l'avais mis à charger dans l'espoir de le ranimer, en vain. Mais dans l'intervalle, la boue du collecteur d'eaux de pluie a dû s'évaporer et – miracle de la technologie – il fonctionne à nouveau. Je reçois une salve de notifications… et un texto de ma mère.

– Merde !

Je me dépêche de lui répondre que je suis saine et sauve et que je passe un bon moment (tout est vrai, en fait). Elle me demande à quelle heure je rentre le lendemain. Je lui explique que je ne sais pas encore, que ça dépend de nos révisions. Je vais probablement manquer l'église. Elle m'envoie un OK, un smiley qui cligne de l'œil, un palmier et une boule de bowling. Elle n'est pas au top, question émojis, mais je crois comprendre qu'elle est d'accord, et qu'elle va au bowling avec papa. Ou à Hawaï. Je pousse un soupir de soulagement. Tous les efforts que j'ai faits depuis quatre ans pour me comporter en fille modèle portent leurs fruits. Même dans ses pires cauchemars, ma mère ne pourrait pas imaginer la raison pour laquelle je risque d'arriver tard dimanche.

Les autres messages viennent des filles. Elles veulent savoir ce que Kevin porte pour dormir, échangent des questions sur le calcul d'intégrales, et débattent longuement sur le surnom qui conviendrait le mieux à Hannah Ballard : Hannarall Ballard ou Hadderall Ballard. Puis viennent d'autres questions sur Kevin.

Je fais rapidement défiler la conversation et je tape de vagues réponses, soulagée que Bailey soit endormie. J'espère qu'elles s'en contenteront. Puis je me concentre sur le problème qui me préoccupe depuis quelque temps. Le voyage du retour. Je consulte les horaires de Greyhound. Un car part de Roswell ce soir à 20 heures. C'est à trois heures d'Albuquerque. Si on prend un bus touristique pour Roswell en sortant de mon rendez-vous, ça sera jouable pour le Greyhound, après la visite. On arrivera à Columbia dimanche, en fin d'après-midi. Je mets deux billets en attente et une nouvelle vague de soulagement me traverse. J'osais à peine me pencher sur la question, mais finalement, tout s'arrange.

Au moment où je quitte le téléphone des yeux, la limousine dépasse un panneau indicateur. Je secoue Bailey, qui grogne et se recroqueville sur mes genoux. Je la secoue de plus belle et je chuchote :

– Bailey !

– Quoooiiiii ? gémit-elle.

– Réveille-toi !

– Non. Aaargh. J'ai encore sommeil.

– Bailey ! On est arrivées ! On a réussi !

Elle se redresse brusquement et regarde par la fenêtre. Nous longeons des immeubles bas inondés de soleil. Des montagnes rouges se dressent au loin. Je lui montre un panneau vert.

– Albuquerque, dix-sept kilomètres, lit-elle.

Elle se tourne vers moi, les yeux écarquillés.

– Putain de merde, on a réussi !

– Carrément !

– Je n'arrive pas à le croire !

– Moi non plus !

Bailey compte sur ses doigts.

– On s'est fait voler notre caisse, on a été poursuivies, harcelées…

– On a sauté d'une falaise…

– On s'est planquées dans un caniveau…

– Derrière des vaches…

– J'ai jeté une belette…

– Un furet, mais c'est pareil.

– J'ai embrassé une fille.

– Je ne pense pas que ce soit un obstacle.

– Je sais ! J'avais juste envie de le rappeler.

– On a réussi !

L'excitation me coupe le souffle et j'ai un sourire si large qu'il me fait mal aux joues. Bailey aussi. Je la serre dans mes bras.

– Euh, Bailey ? dis-je, le nez dans ses cheveux.

– Ouais ?

– Tu pues.

– Tu ne sens pas la rose non plus.

Pour la première fois depuis le début de notre voyage, je me demande de quoi on a l'air. Nos vêtements sont couverts de boue. J'ai une auréole de granité sur la cuisse et les cheveux de Bailey sont parsemés de feuilles mortes. Son maquillage a coulé sur ses joues. Je découvre même un trou dans ma chemise sans que je me rappelle quand l'avoir fait.

– Il faut se laver.

Je récupère la bouteille d'eau dans le minibar, je m'en asperge les mains et je me frotte le visage. Bailey se peigne avec les doigts. Cinq minutes plus tard, nous sommes légèrement plus présentables et nous sentons un peu moins mauvais. Bailey me regarde, la mine dubitative. Je l'interroge :

– De quoi j'ai l'air ?

– De quelqu'un qui a fait mille six cents bornes en une nuit.

Je soupire, déçue. Elle rit.

– Quoi ? Tu pensais qu'une demi-bouteille d'eau allait te rendre ton look de reine du bal ? Désolée, ma grande. Il va falloir que tu t'habitues à avoir l'air moyen.

Je plisse le nez, feignant le dégoût, mais au fond, je ressens un petit picotement d'irritation. Je déteste avoir l'air négligé. Je me voyais arriver à la clinique les cheveux brillants, tirée à quatre épingles. Pour que les gens s'étonnent de voir une fille comme moi se faire avorter. Si je débarque dans cet état, chiffonnée, malodorante, avec des cernes sous les yeux, comment pourront-ils savoir que je suis quelqu'un de bien ?

Mon téléphone bipe. Bailey frappe dans ses mains, tout excitée.

– Ton téléphone remarche ! C'est cool. On commande une pizza ?

– Non pour la pizza. Et oui, je sais. J'ai réservé deux places de car pendant que tu dormais. Si on sort de la clinique à 14 h 30, on peut prendre un bus pour Roswell et repartir de là-bas ce soir, pour rentrer chez nous.

Bailey se rassied.

– Comme sur des roulettes !

Mon téléphone vibre à nouveau.

– Tu ne regardes pas ? m'interroge-t-elle.

Je jette un coup d'œil à l'écran.

Emily : Sérieux ? C'est tout ?

Jocelyn : Allez, les tourtereaux. On veut des détails.

Kaylee : Attention, sinon, on débarque !

J'ai eu tort de leur répondre. Je dois les faire taire, et vite.

Moi : Holà, du calme ! Je peux avoir un peu d'intimité, SVP ?

Jocelyn : Pas avec une bombe comme Kevin. Allez, au rapport !

Emily : On veut du *hot*.

Bailey fronce les sourcils en voyant mes pouces danser au-dessus de l'écran.

– C'est Kevin qui t'insulte par textos ?

– Je l'ai bloqué, rappelle-toi.

Moi : Pas question. Trop timide.

Kaylee : Menteuse ! Allez, raconte ! Vous avez fait quoi, dans le jacuzzi ?

Bailey se penche vers moi pour essayer de voir l'écran.

– Qui c'est, alors ?

– Personne.

Moi : Ça ne vous regarde pas. Occupez-vous de vos révisions. Emily va décrocher un B+, si ça continue.

Emily : Non, non ! On ne te laisse pas tranquille tant qu'on n'a pas de photo. Vous faites quoi, là ?

Kaylee : Montre-nous !!

Jocelyn : Tout de suite, ou gare à toi !!

Bailey regarde par-dessus mon épaule.

– Tu me trompes ?

– Pardon ?

– Avec tes vraies amies.

– Quoi ? Hein ? Non !

Je ris sans conviction. Puis je m'écarte de Bailey et je fais défiler ma galerie de photos du bout du doigt.

Moi : Bon, d'accord. Voilà.

Je charge une image et j'appuie sur « Envoyer ».

Jocelyn : PAS SUFFISANT !!!

Bailey se penche et regarde mon écran. Elle se redresse, consternée.

– Tu leur as envoyé nos pancakes !

J'ai partagé sur le groupe la photo que j'ai prise au restaurant. Les pancakes sont épais et dorés. En glissant sur le côté, la noisette de beurre a laissé une traînée brillante. J'ai l'eau à la bouche en voyant le sirop d'érable qui coule sur les bords de l'assiette. Jusqu'à présent, ce souvenir n'appartenait qu'à Bailey et moi. On se regarde en chiens de faïence. Elle a les lèvres pincées, et je cherche désespérément quelque chose à dire. Mon téléphone sonne. Le nom d'Emily s'affiche sur l'écran. Bailey me fusille du regard, les bras croisés.

– Vas-y, réponds.

– Je n'ai pas envie de leur parler.

Le téléphone continue de sonner. Bailey hausse un sourcil.

– Tu as peur de te trahir ?

– Non. Je ne joue pas à leurs jeux. Je leur ai dit que j'étais occupée.

Bailey me toise. Le téléphone sonne toujours. Soudain, elle me le prend des mains et appuie sur « Répondre ».

– Bail... ! je crie avant de me ressaisir.

Je lui arrache le téléphone et je le colle contre mon oreille.

– Salut, les filles... Rien. Non. On se détend... Carrément pas ! Non. Juste une pause petit-déjeuner entre deux séances de révision.

Je déteste être prise en flagrant délit de mensonge. Je me recroqueville pour me soustraire au regard brûlant de Bailey et je continue :

– Kev ? Non, tu parles... Il m'aide à me préparer. Quoi ? Maintenant que Hannah Ballard est hors course, je ne peux pas vous laisser me doubler sur la ligne d'arrivée.

Pendant que je parle, mon cœur saigne. Pourquoi ce que je dis ne peut-il pas être vrai ? Ça ne m'aurait pas trop dérangée de mentir à mes parents pour aller réviser dans une chambre d'hôtel avec mon petit ami. En revanche, je suis beaucoup moins à l'aise avec ce que je fais depuis hier soir. Tandis que je raconte des trucs insignifiants à mes amies, Bailey continue de me regarder, les bras croisés, avec une expression indéchiffrable.

– Non... c'est juste la clim. Je sais, c'est bruyant. C'est vrai, on dirait que je suis dans une voiture.

Je ris pour masquer ma nervosité.

– Et c'était comment, votre orgie de films ? J'aurais trop aimé être là !

Ma voix monte dans les aigus.

– Ouais, il est génial. Mais vous êtes mes meilleures amies ! Là ? Non, il est aux toilettes. Carrément. Il est incroyable.

Du coin de l'œil, je vois Bailey ouvrir la bouteille de liqueur, boire une gorgée et lever le pouce d'un air sarcastique. J'articule en silence : « Quoi ? » Elle lève les yeux au ciel. Emily me parle, mais je n'arrive pas à suivre.

– Oh, attends ! Je viens d'entendre la porte claquer. Le revoilà. Il faut que je vous laisse ! À plus !

Je raccroche et je retombe sur la banquette.

– Waouh ! Elles ont failli m'avoir avec le bruit de la voiture. Heureusement que j'ai pensé à la clim, hein ?

– Bien sûr. Je n'en attendais pas moins de la parfaite Veronica Clarke, marmonne Bailey.

– Désolée d'avoir utilisé la photo, mais qu'est-ce que j'étais censée faire ? Elles ne voulaient pas me lâcher.

– Ne fais pas comme si c'était juste une histoire de pancakes.

– Hé, c'est toi qui as décroché ! Je ne voulais pas répondre. Tu m'as forcée à avoir cette conversation. Tu n'as pas le droit de m'en vouloir à cause de ce que j'ai dit.

– Je ne t'en veux pas.

– Tu te siffles la bouteille de liqueur et tu fixes la tache sur la moquette comme si elle t'avait offensée.

– J'ai soif. Et cette tache est intéressante. On dirait Totoro.

– Tu m'as obligée à leur parler.

Je suis indignée. Bailey continue à boire en fixant le sol. Finalement, elle lâche :

– Tu préférerais être là-bas, non ?

– Tu veux dire, pas enceinte et en train d'étudier pour les examens ? Je ne sais pas… J'avoue que c'est tentant.

– Avec tes meilleures amies ? crache-t-elle.

– J'essayais de sauver les apparences ! C'est toi-même qui l'as dit.

Ce n'est vraiment pas juste. Elle m'a mise dans ce pétrin, et maintenant, elle m'en veut. Bailey boit une nouvelle gorgée et hausse les épaules.

– J'avais oublié à quel point tu étais douée pour ça.

La moutarde me monte au nez.

– Qu'est-ce que je dois comprendre ?

– Tu sauves les apparences, hein ? Tout ce voyage ne sert qu'à ça.

– Mais à quoi tu joues, là ?

Bailey se retourne brusquement.

– Pourquoi tu ne leur as rien dit, si vous êtes tellement proches ? Pourquoi ne peux-tu pas confier ton petit problème à tes amies ?

– Elles ne comprendraient pas.

Un éclair de triomphe passe dans les yeux de Bailey.

– Ha ! Menteuse ! Elles comprendraient très bien. Je parie qu'elles pleureraient, qu'elles te prendraient dans leurs bras et te feraient un thé. Non. Le problème, c'est que si tu leur disais, tu ne serais plus aussi parfaite à leurs yeux. Et ça, ça te fait mourir de peur !

Ses mots dégoulinent d'amertume. J'essaie de me défendre, mais j'ai un bloc de glace au creux de l'estomac.

– Ce n'est pas vrai.

– Tu t'enfuis au moindre problème parce que tu as peur de casser ton image. Parce que tu as besoin que tout le monde te trouve parfaite. Tu as un B à un devoir ? Tu prétends que tu étais malade et tu réclames une seconde chance. Ton mec est un connard ? Tu fais semblant d'organiser un week-end en amoureux, avec photos à l'appui, pour que tes amies ne se doutent de rien. Les parents de ta meilleure amie divorcent et elle est un peu perturbée ? Tu la largues pour des espèces de robots surdoués !

– Je me suis déjà excusée…

– Et alors ? Mon connard de père aussi s'est excusé. Ça ne change rien.

– Arrête, tu es soûle.

– Ha ! J'en étais sûre. C'est moi la folle ! s'écrie Bailey.

Elle agite les doigts en l'air et fait une grimace.

– N'écoutez pas Bailey. Elle est complètement barge.

– Je n'ai jamais dit…

– N'empêche, qui se fait avorter, au final ? Ce n'est pas cette folle de Bailey !

Elle cesse de s'agiter et ses bras retombent sur ses genoux. Le silence s'installe dans la limousine.

On n'entend plus que le bruit des pneus sur l'asphalte. Je repense à ce qu'elle vient de dire.

– Tu me juges ?

Bailey croise les bras et lève le menton.

– Et alors ? Je ne suis pas digne de juger la Parfaite Veronica ? On sait toutes les deux pourquoi tu fais ça. Ce n'est pas parce que tu ne veux pas avoir de bébé. Pas parce que tu n'aurais pas les moyens de l'élever. C'est parce que tu as peur de ce que les gens penseraient de toi.

Des vagues successives traversent mon corps, tantôt brûlantes, tantôt glacées. Bailey a-t-elle raison ? Est-ce vraiment une question d'image ? J'essaie de rassembler mes pensées, mais elle soutient mon regard. Elle sourit tristement.

– Alors, Veronica ? Tu n'es pas aussi parfaite que tu le pensais ?

Soudain, je vois rouge.

– Tu attends ça depuis des années, hein ? Une occasion de te sentir supérieure à moi. C'est pour ça que tu as accepté de me conduire à Albuquerque. Pour pouvoir jubiler intérieurement. Cette histoire de « dernière chance de redevenir amies », c'était du pipeau.

Bailey croise les bras.

– Vas-y, essaie de te rassurer en pensant que je suis une sale conne avec des motivations secrètes. Je pensais tout ce que j'ai dit hier soir. Tout. Souviens-toi : je n'ai pas besoin d'amies parfaites. Juste de quelqu'un qui soit là.

– Tu m'horripiles.

– Et toi, t'es une pouffe qui aurait mieux fait de garder son pantalon.

– Je n'en reviens pas que tu me juges pour ça ! Alors que tu es lesbienne !

Je regrette aussitôt mes paroles.

Sans me laisser le temps de m'expliquer, Bailey me balance une gifle monumentale. C'est la première fois que j'en reçois une de ma vie. Je mets une bonne minute à me remettre de la douleur cuisante. Une larme coule sur ma joue. J'effleure mon visage du bout des doigts et je fixe Bailey d'un air stupide. Elle me rend mon regard, aussi surprise que moi. Puis ses yeux se durcissent et elle affiche un rictus suffisant.

– J'en étais sûre.

– Ce n'est pas ce que je voulais dire…

C'est vrai. Ça m'est égal qu'elle soit lesbienne. Ce n'est pas un péché, quoi qu'on en dise à l'église. Je ne crois pas à ces salades. Seulement, je pensais que, de ce fait, Bailey serait plus tolérante avec moi. Qu'elle comprendrait mon choix.

Je me suis mal fait comprendre, d'accord. Mais ce que j'ai réellement voulu dire était-il plus acceptable ? N'était-ce pas une autre façon de la juger ?

Une nouvelle pensée me frappe. Quand je lui ai dit que ça m'était égal qu'elle soit lesbienne, est-ce que je ne voyais pas ça comme un défaut ? Comme quelque chose qui la rend imparfaite, mais que je peux lui pardonner ?

Est-ce que je me sens supérieure à elle parce que je suis hétéro ?

– Je suis désolée, je…

Bailey cogne à la vitre qui nous sépare du chauffeur.

– Garez-vous !

Elle frappe si fort que le verre tremble dans son cadre.

– Arrêtez-vous, bordel !

La voiture freine à la hauteur d'un centre commercial. On est quelque part dans la banlieue d'Albuquerque. Je proteste timidement :

– Bailey… non.

Je n'essaie pas vraiment de la retenir. C'est trop tard. Elle ouvre la portière et pose les pieds sur le bitume. Puis elle sort une liasse de billets de son portefeuille et me la jette à la figure. L'argent retombe en flottant sur le sol de la limousine.

– Bon avortement, tueuse de bébé ! me crie-t-elle en claquant la portière.

Kilomètre 1584

Je reste un moment immobile, à fixer les billets éparpillés sur mes pieds sans vraiment les voir.

Je suis un monstre. J'ai fait croire à Bailey que j'étais son amie, mais même au collège, si j'appréciais sa compagnie, c'était parce que je me trouvais mieux qu'elle. J'étais plus équilibrée. J'avais les cheveux plus brillants. Des fringues plus sympas. De meilleures notes. Je n'étais pas aussi bizarre. Et quand j'y pense, c'est pareil avec Emily, Kaylee et Jocelyn. Je ne suis pas amie avec elles parce que je les aime, mais parce que je suis la plus intelligente de nous quatre. J'ai le mec le plus mignon. Je sais que j'aurai toujours davantage de succès... C'est horrible d'être comme ça.

Sauf que maintenant, je ne suis plus rien de tout cela. Je ne suis pas mieux qu'elles. Je ne réussis pas mieux. Je ne suis plus parfaite du tout. J'ai dégringolé de mon piédestal parce que je vais me faire avorter. Personne ne fait ce genre de choses quand tout va bien.

Les gens parfaits n'ont pas besoin d'IVG. Et le pire, c'est que Bailey a raison. Mes amies me prendraient dans leurs bras et me feraient un thé si elles apprenaient la vérité. Elles me soutiendraient. Seulement, je n'ai pas voulu me confier à elles, de peur de me sentir inférieure.

Le bruit de la vitre qui coulisse m'arrache à ma spirale d'autodénigrement. Bob regarde par-dessus son épaule d'un air neutre.

– Vous allez toujours au même endroit ?

Incapable de lui répondre, je me contente de hocher la tête en fixant le trottoir. Le soleil matinal fait scintiller les morceaux de verre incrustés dans le béton. Bailey a disparu. Je ne suis pas surprise. Elle sait se débrouiller seule. J'y ai veillé personnellement.

Kilomètre 1590

La clinique n'est pas comme je l'imaginais. C'est un édifice de plain-pied en stuc, orné de moulures fraîchement repeintes, qui ressemble à s'y méprendre aux bâtiments alentour. Des arbres ombragent son parking et une haie bien taillée court sous ses fenêtres. Je m'attendais à un bâtiment sale, délabré, ou affublé d'une enseigne au néon géante : « Avortements », ornée de flammes orange et rouge. Les flammes de l'enfer. Si je n'avais pas vérifié l'adresse, j'aurais pu imaginer que les gens venaient ici pour se faire détartrer les dents.

Le seul indice, c'est la foule des manifestants qui squatte le trottoir devant l'entrée en brandissant des pancartes. Je les avais oubliés, ceux-là…

CHOISISSEZ LA VIE

AVORTEMENT = ASSASSINAT

PRIEZ POUR METTRE FIN AU MASSACRE

BOUCHERIE

Ce dernier slogan est peint en lettres rouge sang dégoulinantes, comme sur une affiche de film d'horreur. Une fille de mon âge, peut-être un peu moins, porte une pancarte géante intitulée « 12 semaines », qui présente des corps mutilés.

J'ai déjà vu tout ça. J'ai même participé à l'élaboration de ce genre d'affiches – en moins sanglant –, dans mon groupe de jeunes.

Je déchiffre les messages en attendant que la culpabilité me submerge. Quand je peignais les slogans, à l'église, j'imaginais qu'une femme les lisait et prenait soudain conscience de son erreur. Son cœur se brisait, elle faisait demi-tour, décidait de garder son bébé et vivait heureuse jusqu'à la fin de ses jours. Sauf que je ne ressens rien. Aucune culpabilité. Pas de doute. Pas de repentir ni de larmes. Mes yeux glissent sur les affiches et mon cœur reste insensible. J'ai pris ma décision bien avant d'arriver ici. Ce ne sont que des mots.

Soudain, les manifestants remarquent la limousine. Tous les regards se tournent vers moi. Ils s'avancent au bord du trottoir et essaient de voir à travers les vitres teintées. Leurs chants montent en volume pour former un véritable rugissement. La colère déforme leurs visages. Un homme de l'âge de mon père lève un poing furieux et essaie de frapper la carrosserie lorsque Bob ralentit pour entrer dans le parking. Il crache sur la fenêtre poussiéreuse. Les manifestants nous encerclent, s'approchent autant qu'ils l'osent. Ils n'ont pas le droit de nous barrer le passage physiquement, mais ils tentent de le faire en criant.

Ils ne veulent pas m'aider. Ils ne m'adressent pas de prière. Ils se contentent de déverser leur haine sur moi. Même s'ils ne peuvent pas me voir à travers les vitres teintées, je me bouche les oreilles et je me recroqueville. Leurs cris me font l'effet de gifles.

Bob se gare le plus loin possible de la rue, à l'ombre d'un arbre, et coupe le moteur. Il reste assis et patiente en regardant devant lui. Je me déplie lentement. Mes mains tremblent un peu. J'entends encore le brouhaha des manifestants à l'extérieur.

J'essaie de repérer l'entrée de l'immeuble. Une vaste étendue d'asphalte me sépare de la porte, mais les manifestants n'ont pas le droit de pénétrer sur la propriété. Ils peuvent seulement tenter de m'humilier de loin. Je m'arme de courage, j'attrape la poignée, et…

– Oh non !

Une pensée terrifiante vient de me frapper. Je croise les yeux de Bob dans le rétroviseur.

– Ça va ? me demande-t-il.

Maintenant que Bailey est partie, je n'ai plus d'escorte. Personne pour venir me chercher après l'opération. C'était une condition impérative. Si je me présente seule, ils refuseront de pratiquer l'intervention. Je secoue la tête, embarrassée.

– Il faut que quelqu'un m'accompagne. Ils veulent s'assurer que je ne repars pas seule, et mon amie…

Mon visage me brûle et j'ai honte de ma voix geignarde, pathétique.

– Pourriez-vous venir ?

J'attends la réponse de Bob avec appréhension. Il est assez âgé pour être mon grand-père. C'est impossible qu'il approuve mon projet. Il réfléchit en se frottant la barbe. Je sens le « non » se former sur ses lèvres et je me retiens de pleurer. J'ajoute à voix basse :

– S'il vous plaît…

Il s'affaisse un peu sur son siège et soupire.

– C'est soixante-quinze dollars de l'heure.

Je compte l'argent qu'il me reste. Je suis presque sûre qu'il y en a assez pour payer Bob, l'avortement et le billet de car pour rentrer chez moi. Je hoche la tête.

– Entendu.

Bob sort de la limousine et la contourne pour ouvrir ma portière. Il attend que je sorte, comme si nous étions au bal de fin d'année. Le cœur tambourinant, je traverse le parking écrasé sous le soleil. L'air brûlant me dessèche la peau. J'ai désespérément besoin d'un verre d'eau. Les manifestants se taisent et tendent le cou pour essayer de me voir. J'entends le déclic familier d'un téléphone et je cligne des yeux. On m'a prise en photo. Bob s'interpose aussitôt entre nous et fait écran de son corps. Sa sollicitude me réchauffe le cœur. Frustrés de ne plus voir leur proie, les manifestants se remettent à crier, redoublant d'agressivité.

Voyant que je me ratatine sous la violence de leurs imprécations, Bob m'attrape le bras et me pousse devant lui. La porte se rapproche. Je lis le nom de la clinique sous une petite fenêtre en verre dépoli, probablement blindé. On y est presque.

Soudain, un manifestant se détache du groupe, traverse le parking et se plante devant nous, comme pour nous barrer le chemin. J'étouffe un cri de surprise. Bob me pousse sur le côté pour me protéger, mais le manifestant continue d'avancer.

– Chérie !

Quand je reconnais la silhouette qui s'approche, une colère ardente explose dans ma poitrine.

C'est Kevin.

– Tu ne peux pas m'arrêter !

Je me pends au bras de Bob et je le contourne pour rejoindre l'entrée. Kevin nous barre à nouveau le passage. Les manifestants, captivés par la scène, en oublient de cracher leur venin.

– Je n'essaie pas de t'arrêter, se défend Kevin. Je sais que je ne peux pas me racheter avec des mots, mais s'il te plaît, écoute-moi.

– Je dois y aller. Au revoir.

Je presse le pas sans reprendre le bras de Bob, occupé à lancer des jurons en espagnol à Kevin, qui court derrière moi. Nous atteignons l'auvent devant la porte. La fraîcheur m'apaise un peu. J'attrape la poignée.

– S'il te plaît…, me supplie Kevin d'une voix rauque. J'ai eu tort…

Je me fige. Il a l'air brisé. Aurait-il enfin des remords ? Je me retourne. Il est planté derrière moi sous le soleil brûlant, les épaules voûtées.

– J'ai euh… J'ai fait des recherches sur Google, commence-t-il timidement. Saphir m'a menti. Je ne sais pas pourquoi je l'ai écoutée. J'ai agi n'importe comment, sans réfléchir. J'ai fait ce que nous disent nos parents, notre église… Mais on est dans la vraie vie, et on doit faire de vrais choix, pas vrai ?

Je cligne des yeux, trop surprise pour répondre. Il continue :

– Je te soutiendrai, quoi que tu décides. Je sais que tu y as beaucoup réfléchi. Pardon. J'ai été nul.

Je ne sais pas quoi répondre. Kevin semble métamorphosé. Ce n'est plus le lycéen qui m'appelle « mon cœur » et oublie parfois de fermer la bouche quand il mange. C'est quelqu'un d'autre. Peut-être le Kevin qu'il va devenir. Le doute s'amasse au creux de mon estomac. Kevin attend ma réponse. Alors, seulement, il remarque Bob.

– Où est Bailey ? me demande-t-il.

– Elle n'est pas là.

C'est tout ce que j'arrive à dire, mais Kevin comprend. Son expression s'adoucit.

– Oh, je suis désolé ! Je sais que tu as cru que c'était ton amie…

Je ravale mes larmes. Je ne sais plus comment qualifier Bailey. Je ne sais pas ce qu'elle est pour moi ni ce que je suis pour elle. Ni même si on a été vraiment amies.

– Ça va, dis-je.

Je déteste l'émotion qui m'envahit.

– Non, ça ne va pas.

Kevin ouvre les bras. Voyant que je ne m'y précipite pas, il s'approche. Comme je ne m'éloigne pas non plus, il prend ça pour un consentement et me serre contre lui. Je me raidis. Je ne veux pas céder à son étreinte, même si elle me réconforte. Je ferme les yeux. Je reconnais son odeur, et en ce moment, familiarité rime avec sécurité.

– Ce n'est pas grave. Ça va aller, murmure-t-il en caressant mes cheveux emmêlés.

Nous restons un moment comme ça : lui au soleil, moi à l'ombre.

– Je sais que c'est un cauchemar. Et je sais que j'aurai du mal à regagner ta confiance, dit-il. Mais j'ai compris sur la route que ce genre d'épreuve peut vraiment renforcer nos liens.

Je me dégage pour le regarder. Kevin fixe l'horizon, perdu dans ses pensées. Il continue :

– Tu sais, tout ça : te tenir la main dans la salle d'attente, remplir des formulaires, aller te chercher un grand bol de glace après... En fin de compte, je pense que ça va rendre notre couple plus solide. Ça nous fera des souvenirs en commun... Et comme on aura beaucoup de choses à régler, je ne suis pas obligé d'aller étudier à Missouri State. Je vais me trouver un job à Rhode Island, près de ton campus. On pourra emménager ensemble !

J'ai un sursaut d'horreur. Kevin sourit doucement, satisfait de son plan.

– Beurk ! Quand je pense que j'ai ton ADN en moi ! Je me sens malade. Crasseuse.

– Ça ne va pas, ma chérie ?

Kevin fronce ses sourcils parfaits ; ses cheveux châtain doré tombent devant ses yeux bleus. C'est un monstre.

– Tu crois que cet avortement va nous rapprocher ?

Mon cri retentit sur le parking. Les manifestants font des commentaires à voix basse. Je m'en fiche. Je pointe un doigt en direction du Missouri.

– Dégage !

Le sourire de Kevin disparaît enfin. Il n'a plus l'air surpris. Il est en colère.

– Ah ? Donc, ça non plus, ça ne te convient pas ? Mais qu'est-ce que tu veux, Veronica ? Je me suis excusé. Je t'ai demandée en mariage. Je te propose de t'accompagner à la clinique. Je suis prêt à faire tout ce que tu voudras. Mais rien n'est assez bien pour toi, hein ?

– Pour moi ?

Soudain, tout me paraît d'une clarté aveuglante.

– Cette histoire n'a rien à voir avec moi. Il n'a toujours été question que de toi. Tu étais triste que tout le monde parte. Tu avais peur de me perdre si j'allais à la fac. Tu avais peur de te retrouver seul. D'être abandonné. Mariage ou avortement, tu t'en fiches, pourvu que j'accepte de te reprendre. Parce que ça te rassurerait que je reste avec toi.

Tu ne serais plus le loser pathétique qui a eu son heure de gloire au lycée, point final.

Kevin en reste bouche bée. J'en profite pour lui asséner le coup de grâce :

– Va-t'en, ou j'appelle la police.

– Mais…

Je m'approche de lui.

– Je leur dirai tout, dis-je en détachant les syllabes pour souligner la menace.

Je ne sais pas si ce qu'il a fait est illégal, mais apparemment, lui non plus, et il n'a pas envie de le découvrir. Il hoche la tête, lève les mains en signe de reddition et recule. En me tournant vers l'entrée de la clinique, je me sens plus vide que jamais.

– Sale pute !

Il n'a pas parlé fort, mais assez pour que je l'entende. Je pivote brusquement, et je franchis la distance qui nous sépare d'un pas vif, le bras droit replié.

Kevin me fait l'affront de ne même pas paraître inquiet. Juste légèrement perplexe. Je prends mon élan et je lui balance mon poing dans la mâchoire. Il atteint son but avec un bruit sourd, et la tête de Kevin bascule vers l'arrière. On se croirait dans un film. Je jurerais avoir vu sa peau onduler au moment où mon poing a rencontré sa joue. L'adrénaline et la joie me consument quand je le vois tituber et s'effondrer au sol, sonné.

Je m'élance vers lui, prête à lui balancer un bon coup de pied où je pense, mais Bob me retient. Il lorgne la foule des manifestants. Certains ont baissé leurs écriteaux, et il me semble voir briller un éclair de satisfaction dans l'œil d'une femme. La plupart ont des visages de marbre. Comme je ne me vois pas expliquer à un policier, devant une vingtaine de témoins hostiles, pourquoi j'ai agressé mon ex, je le laisse m'entraîner, tandis que Kevin gémit sous le soleil.

L'intérieur de la clinique est propre, décoré avec sobriété. Plusieurs femmes patientent tranquillement sur des chaises alignées contre un mur en feuilletant d'anciens numéros de *People* ou en consultant leur téléphone. Un tableau de paysage est suspendu derrière la réception.

C'est bien réel. Je suis dans une clinique qui pratique les avortements. Tout me paraît soudain trop lumineux, et brumeux en même temps. Les gens parlent, mais le son est étouffé par le bourdonnement du sang dans mes tempes. J'ai les paumes moites. C'est réel. Je m'approche de l'accueil comme une automate, suivie par Bob. La réceptionniste, une femme d'une quarantaine d'années, lève les yeux de sa paperasse.

– Bonjour. Vous avez rendez-vous aujourd'hui ?

Elle jette un bref coup d'œil à Bob, probablement surprise de voir une adolescente débraillée accompagnée par un vieil homme en costume de cow-boy, mais sa voix est chaleureuse et son air bienveillant. Elle ne me juge pas. Je me détends un peu, même si j'ai encore la gorge nouée. Je hoche la tête.

– Je suis Veronica Clarke.

Je constate avec plaisir que ma voix n'a pas tremblé. La femme regarde son ordinateur et tape quelques mots avant d'acquiescer.

– OK. Je vais juste vous demander de remplir un formulaire, puis une infirmière viendra vous chercher pour vous examiner et prendre votre tension. Êtes-vous déjà venue chez nous ?

Je secoue la tête.

– Si vous avez des questions, n'hésitez pas à revenir vers moi.

Elle me tend une liasse de papiers sur un bloc-notes et un stylo à bille.

Je m'assieds sur une chaise. Des mots à l'encre noire. Des cases à cocher. Nom et prénoms. Est-ce que j'ai des allergies ? Heure de mon dernier repas. De mon dernier verre. Antécédents médicaux. Nombre de grossesses.

Je barre « zéro » et j'écris « une ».

Bob, plongé dans un magazine de cuisine, lit des recettes avec intérêt.

Je rapporte le formulaire à l'accueil. On me demande poliment de l'argent. Je sors de mon portefeuille la liasse de billets froissée, un peu poisseuse. Je les compte soigneusement. À chaque fois qu'un billet touche le comptoir, j'ai une image mentale de Bailey. La prêteuse sur gages. Les pancakes. Les granités. Les strip-teaseuses. J'accélère pour compter les billets de vingt, de dix et de cinq, puis je pousse le tout vers la femme. Cette fois, elle ne parvient pas à dissimuler la pitié que je lui inspire. Je souris pour la rassurer. Elle prend l'argent.

J'attends à nouveau. Les femmes se lèvent les unes après les autres, quand on appelle des numéros anonymes. Leurs conjoints, amis et mères feuillettent des magazines. Sur mon téléphone, je trouve un nouveau car pour rentrer chez moi. Au départ d'Albuquerque, et non plus de Roswell. Il n'y en a qu'un, qui part à 15 h 30. Je réserve une place.

On appelle mon numéro.

Je me lève et je me dirige vers l'infirmière qui vient de m'appeler. J'entre par la porte qu'elle tient entrouverte.

Je monte sur la balance, qui oscille légèrement. L'infirmière la pousse délicatement du pied pour la stabiliser. Elle m'enfile un brassard qui m'écrase le bras et prend ma tension. Me pose quelques questions et note les réponses sur son bloc-notes. M'enfonce une aiguille dans le bras pour me faire une prise de sang. Me tend un gobelet en plastique et un paquet de lingettes pour bébé. Je m'accroupis au-dessus des w.c. et je me nettoie, avant de vider ma vessie dans le récipient. Puis je retourne le poser sur un comptoir, à côté d'autres gobelets pleins de liquide jaune, et j'attends.

Une autre infirmière vient me chercher. Elle m'explique d'une voix agréable, mais dénuée d'émotion, qu'on va me faire une échographie. Sur le formulaire qu'ils m'ont donné, j'ai inscrit un point d'interrogation à côté de la date de mes dernières règles. Je sais à peu près à quand ça remonte, mais ils ont besoin d'une date précise. On me conduit dans une pièce sombre et on me tend une robe en papier. M'a-t-on déjà fait une échographie vaginale ?

«Vaginale ?»

– Non, bien sûr !

J'ai envie de crier, mais je me contente de secouer la tête. L'infirmière m'explique que je risque de ressentir une légère gêne, mais que c'est normal. Elle me laisse seule dans la pièce, le temps que je me change. Je suis inquiète.

Je suis allongée sur le dos sur une table d'examen, les pieds dans des étriers. La technicienne me demande de rapprocher les fesses du bord de la table. Encore. Elle me montre l'équipement qu'elle va introduire en moi et me répète que je vais ressentir une légère pression. C'est plus gros que je ne le pensais. Je ne vois pas les écrans des moniteurs, leurs bips et leurs ronflements sont étouffés. Je compte les carreaux au plafond. Un jet de gel tiède, et ça commence. L'échographie me fait moins mal que prévu, mais la sensation d'invasion est vraiment désagréable. Je continue à compter les carreaux en m'appliquant à respirer. On me dit que tout va bien, que c'est presque fini, mais ça continue. J'ai perdu le compte. Je recommence à zéro. Mes yeux s'emplissent de larmes.

C'est fini. On me donne des serviettes en papier pour m'essuyer en me répétant que tout va bien. On me laisse me rhabiller.

Quand je sors dans le couloir, la lumière vive m'éblouit. Une infirmière me conduit dans une nouvelle pièce et me propose de m'asseoir. Elle me demande si j'ai besoin de quelque chose. Je secoue la tête. J'attends encore. Les murs sont ornés d'images d'océans et d'arbres. C'est beau, mais fade. Quand la porte s'ouvre enfin, je sursaute. Une petite femme douce aux cheveux courts et aux yeux fatigués entre et s'assied.

– Bonjour, Veronica. Je suis le docteur Rivera. J'ai juste quelques questions à vous poser avant de pouvoir pratiquer l'intervention.

En disant cela, elle feuillette des papiers sur son bureau, énergique et professionnelle.

– D'accord.

J'ai la voix rauque. Je me racle la gorge et je répète :

– D'accord.

Cette fois, ma voix est plus ferme. Le docteur m'adresse un sourire sans chaleur.

– Tout d'abord, j'ai besoin de savoir si c'est votre décision. Avez-vous été contrainte de quelque façon que ce soit ?

Elle me regarde dans les yeux en me posant cette question, guettant une trace d'émotion sur mon visage.

– Non. C'est mon choix.

Le Dr Rivera continue à m'étudier. Puis elle hoche la tête et retourne à ses papiers.

– Quels sont vos sentiments à l'idée d'interrompre votre grossesse aujourd'hui ?

Le premier mot qui me vient à l'esprit est « extatique ». C'est presque fini. Puis je me rappelle les paroles de Bailey dans la limousine. Est-ce que je fais vraiment ça parce que j'ai honte ? Parce que je ne veux pas que les gens sachent que j'ai commis une erreur ? Et si oui, est-ce que ce serait une raison suffisante pour aller au bout ? J'inspire profondément et je relâche l'air lentement. Avant de prendre ma décision, je dois savoir exactement ce que je ressens. Je dois arrêter de me mentir. Accepter de prononcer ce mot, même dans ma tête. C'est un avortement. Je vais me faire avorter.

J'attends. Je laisse le temps aux émotions de faire surface. J'examine toutes les croyances qu'on m'a transmises. Je ne refoule aucune pensée.

Mes parents.

L'église.

L'enfer.

Mes amis.

La honte.

L'échec.

L'université.

Le jugement.

La vie.

L'honnêteté.

La responsabilité.

L'amour.

Et j'ai ma réponse.

Bailey a raison. J'ai honte. Mais ça n'en reste pas moins mon choix. Je ne veux peut-être pas que mes amies apprennent que je suis enceinte, mais je voudrais me faire avorter, de toute façon. Je sais depuis que j'ai envisagé cette possibilité que je ne peux pas avoir de bébé, pas maintenant. Toutes les cellules de mon être se révoltent contre cette idée. Je n'ai pas l'ombre d'un doute. Je regarde le Dr Rivera dans les yeux.

– C'est le bon choix pour moi.

Elle hoche la tête. Dans l'élan d'émotion qui suit ma réponse, j'aimerais bien qu'elle me décoche un sourire satisfait, mais son expression reste neutre. Qu'importe, le soulagement m'envahit. J'ai pris la bonne décision.

Le Dr Rivera continue, toujours avec énergie et professionnalisme.

– Je vais donc vous parler de vos options. Il y a deux types d'avortements : chirurgical, ou médicamenteux. Mais vous venez d'un autre État, je crois ?

– Oui.

Elle sourit.

– Et je suppose qu'il vous sera difficile de revenir nous voir pour une visite de contrôle ?

Je hoche la tête.

– Oui.

– Dans ce cas, je vais recommander un avortement chirurgical en clinique.

Mon pouls s'affole. J'ai dépensé tellement d'énergie pour venir jusqu'ici que j'ai presque oublié ce qui m'attendait à l'arrivée. Mais le mot « chirurgical » m'évoque des images de scalpels étincelants, des lumières vives, du sang. Même si c'est prévu depuis le début, l'entendre dans la bouche du médecin, dans ce cabinet, aussi réconfortant et amical qu'ils soient, me contracte la poitrine. Je n'ai jamais passé de visite médicale seule, et voilà que je vais me faire opérer...

La voix du Dr Rivera me semble soudain très lointaine.

– Avez-vous des questions ?

Oui. « Pourquoi je transpire ? » J'ai passé des heures à faire des recherches sur l'intervention, à lire d'innombrables articles et comptes rendus. J'ai même consulté la bibliothèque en ligne de la Yale School of Medicine. Je devrais être prête. Et pourtant, je suis là, en nage. La sueur dégouline dans mon cou, dans mon dos. J'ai eu beau me préparer mentalement, mon corps n'est pas prêt. Je lâche malgré moi :

– Ça fait mal ?

– Cela vous causera un certain inconfort, mais nous vous donnerons des médicaments pour vous aider à vous détendre. Après l'intervention, vous ressentirez probablement quelque chose qui ressemble à de fortes douleurs menstruelles.

OK. Je peux gérer les douleurs. Pourtant, la sueur continue de ruisseler dans mon cou.

– Vous devrez porter des protections et vous aurez des règles abondantes pendant trois semaines environ. Si les saignements sont trop importants, il faudra consulter un médecin.

Des saignements importants. J'avais oublié ce détail. Et si ça arrive ?

Le Dr Rivera remarque mon air affolé. Elle sourit.

– Ne vous inquiétez pas. Vous recevrez une brochure récapitulant toutes ces informations. C'est normal d'être stressée. On ne vous demande pas de tout retenir.

Mais ma nervosité ne me paraît pas normale. Rien à voir avec le matin qui précède un exposé, le jour où j'ai passé le test d'entrée à l'université, ou celui où j'ai dit à Kevin que j'étais enceinte (il y a un million d'années). J'ai l'impression de courir vers une falaise sans savoir à quelle distance elle se trouve. J'ai besoin de tenir la main de quelqu'un.

Je lui rends son sourire pour lui faire croire que tout va bien. Elle poursuit ses explications :

– L'intervention proprement dite ne durera que quelques minutes, mais ensuite, vous devrez attendre environ une heure dans la salle de réveil. Les médicaments que nous allons vous administrer rendront la conduite dangereuse. Avez-vous quelqu'un pour vous raccompagner chez vous ?

La réponse est négative. J'ai quelqu'un pour me faire sortir d'ici. Quelqu'un pour me conduire à la gare routière. Mais pour me raccompagner à la maison ? Non.

Je pense à Bob, assis dans la salle d'attente, en train de feuilleter des conseils de diététique et des recettes-minute. C'est Bailey qui devrait m'attendre dehors et me ramener chez moi. Mais elle est partie.

– Oui, dis-je.

Le Dr Rivera hoche la tête et continue à me parler, mais je ne l'entends plus. Bailey occupe toutes mes pensées. On ne s'est pas adressé la parole pendant quatre ans, mais c'est la seule personne que j'ai besoin de retrouver quand ça sera fini. Elle est partie à cause de moi. J'ai été nulle, je l'ai jugée, et à cause de ça, je me retrouve seule dans cette clinique.

Soudain, ma colère éclate. Une colère que j'ai refoulée jusqu'à maintenant. Bailey m'a jugée, elle aussi. Et c'est elle qui est partie. Après tout ce qu'elle m'a dit sur les amis, qui doivent être là les uns pour les autres, elle est partie ! Si elle était restée, j'aurais pu lui dire qu'elle se trompe, que je n'ai pas fait ce choix parce que j'ai honte. Je pourrais m'excuser, pas seulement pour ce que je lui ai dit, mais pour tout ce que je lui ai fait. Pour toutes les fois où elle s'est retrouvée seule alors que j'aurais dû être à ses côtés. Je pourrais lui dire…

Ma colère se dissipe, ne laissant qu'un vide douloureux. Bailey n'est pas là aujourd'hui. Je n'ai jamais été là pour elle. C'est sans importance. On n'est pas amies.

– Eh bien, c'est parfait. Si vous n'avez plus de questions, j'ai terminé.

La voix du Dr Rivera m'arrache à mes pensées. Elle attend ma réponse.

– Non. C'est bon.

Mais ma certitude vacille ; je me sens désorientée.

– Vous allez patienter dans la salle d'attente jusqu'à ce qu'une salle se libère.

Le Dr Rivera se lève. Je l'imite. Et soudain, une idée fuse dans un coin de mon cerveau, telle une étincelle. J'essaie de l'étouffer en suivant l'infirmière venue me raccompagner dans la salle d'attente, mais l'idée se précise. Elle grandit, telle une flamme sauvage, et occulte toutes les autres pensées. En passant près de la réception, je fausse compagnie à l'infirmière et je m'approche de la vitre.

– Excusez-moi, y aurait-il d'autres rendez-vous disponibles aujourd'hui ? Un peu plus tard ?

La réceptionniste lève les yeux de ses papiers.

– Attendez, je vérifie…

Elle pianote sur le clavier de son ordinateur, l'air surpris. J'invente une excuse :

– La personne qui doit me raccompagner a été retardée.

Si ça pouvait être vrai…

– On a une place à 15 h 30, me dit-elle. C'est la dernière de la journée. Vous serez libre vers 17 h 30.

La flamme s'éteint brusquement.

– Ah, euh… Il n'y a rien avant ? Mon car part à 15 h 30. Si je le rate, je ne serai pas rentrée chez moi à temps…

« Et mes parents découvriront le pot aux roses. » Je n'ai pas achevé ma phrase, mais la réceptionniste a compris. Elle regarde à nouveau son ordinateur et fait claquer sa langue avec sympathie.

– Désolée, c'est le seul rendez-vous qu'il nous reste.

Est-ce que ça vaut le coup de tout risquer ? Pour la première fois de ma vie, je ne pèse pas le pour et le contre, je ne réfléchis pas aux conséquences. Je suis incapable de garder la tête froide, de rester rationnelle. Parce qu'au final, il ne s'agit même pas d'un choix. L'idée de retourner dans cette salle d'examen sans que Bailey m'attende dans le hall m'est insupportable. Je croyais n'avoir besoin que d'un chauffeur, mais je viens de comprendre que j'ai besoin de beaucoup plus. D'une amie. Pas quelqu'un à qui je ne laisse voir que le meilleur de moi-même. Une véritable amie.

Et si je veux avoir une amie, si je veux qu'elle soit là pour moi, je dois être là pour elle aussi. Je dois réparer mes torts.

Les infirmières sont surprises quand je leur explique que j'ai un contretemps. J'essaie de les convaincre que je n'ai pas changé d'avis et que je reviendrai plus tard, mais elles ne doivent pas entendre souvent le genre d'excuse que je leur sers : « Je dois sauver une amitié. ». J'ignore leurs mines dubitatives et je rejoins Bob dans la salle d'attente. Il lève les yeux de son magazine.

– Déjà ?

– J'ai changé de plan. Allons-y !

Kilomètre 1592

Après avoir jeté un dernier coup d'œil sur « Laser, Botox, ou les deux ? Le lifting qui remonte le moral », Bob lâche son *Glamour* et me suit dehors. Je lis mille questions dans ses yeux, et je le remercie en pensée de ne pas les formuler.

Les manifestants m'ont à peine vue traverser le parking que j'arrive à la limousine. Au lieu de monter à l'arrière, j'ouvre la porte du passager et je m'assieds à côté de Bob. Puis je lui confie mon nouveau projet :

– On revient ici à 15 h 30. Je n'ai pas changé d'avis. Je me fais toujours avorter, mais je dois d'abord retrouver Bailey.

J'attends sa réaction. Bob regarde d'un air pensif les feuilles des arbres s'agiter dans l'air brûlant en produisant des taches de lumière. Je me mords la lèvre. J'ai absolument besoin qu'il accepte de m'accompagner, mais ce n'est pas gagné. Et comme il prononce rarement plus d'un mot à la fois, je ne sais pas ce qu'il pense. Finalement, il acquiesce.

– Bien.

Cette syllabe suffit à me transporter de joie. Je souris aux anges.

– J'ai assez d'argent pour vous payer encore quelques heures.

Il secoue la tête.

– Pas la peine.

C'est au moins la centième fois que je pleure depuis une heure. Mais là, ce sont des larmes de bonheur.

– Merci, Bob.

J'obtiens un grognement pour toute réponse. Sauf que maintenant, je sais ce qu'il signifie : « Il n'y a pas de quoi », et peut-être même « Je suis fier de toi ».

Il tourne la clé de contact et me regarde d'un air interrogateur. Je boucle ma ceinture de sécurité.

– J'ai une idée.

Kilomètre 1595

Bob slalome entre les voies comme Vin Diesel dans un de ces films de voitures que Kevin adore. D'après Bailey, les bus touristiques pour Roswell partent de la Vieille Ville à 11 heures, 13 heures et 15 heures. C'est sûrement là qu'elle est allée. Comme on s'est disputées vers 11 heures, je ne pense pas qu'elle ait eu le temps de prendre le premier. En se dépêchant, on doit encore pouvoir l'intercepter avant celui de 13 heures. Si je me suis trompée sur ses intentions, l'autre option consistera à ratisser la ville, à la recherche d'une fille aux cheveux turquoise. Quand je la retrouverai, je n'aurai plus qu'à m'excuser et la convaincre de retourner à la clinique avec moi avant 15 h 30.

Mille variables peuvent faire capoter ce plan, mais l'adrénaline coule à flots dans mes veines et je suis déterminée à réussir. Je passe en revue les manières de m'excuser auprès de Bailey, de recoller les morceaux de notre amitié et de lui prouver qu'elle compte pour moi.

Mon téléphone vibre.

Emily : Tu n'oublies pas les photos compromettantes ?

Je l'ignore et je regrette à nouveau que le portable de Bailey soit en panne. J'aurais pu lui envoyer un texto. Au point où j'en suis, même un «Va te faire f… » de sa part m'aurait réconfortée. J'aurais au moins l'espoir de pouvoir réparer les choses. Au lieu de ça, je spécule dans le vide. Qui sait : elle est peut-être folle de rage, ou en train de verser toutes les larmes de son corps (même si j'ai du mal à le croire). Ou pire : dans un bus pour le Missouri, la tête appuyée contre la fenêtre, le visage baigné de soleil. Paisible, totalement indifférente à mon sort.

Bob se gare devant une station de bus défraîchie, de style mexicain traditionnel. Au-dessus de la billetterie, une pancarte aux couleurs passées proclame : « Le chemin le plus rapide vers Roswell… En route vers une galaxie de plaisir ! »

Il n'y a pas de bus devant. Est-il déjà parti ? Puis je vois quelques personnes qui se baladent avec des tee-shirts tie-dye et des sacs en toile : « Je conduis une soucoupe volante », et je reprends espoir.

– Vous la voyez ? me demande Bob.

Je scrute à nouveau la foule des touristes et je secoue la tête. Pas de cheveux turquoise.

J'essaie de contenir mon angoisse. Il faut absolument que ça marche.

– Je vais me renseigner, dis-je en rempochant mon téléphone.

Je sors de la limousine et je m'approche de la billetterie.

– Bienvenue ! chantonne la femme qui s'ennuie derrière une fenêtre en Plexiglas. Combien de billets pour découvrir la véritable histoire des extraterrestres sur Terre ?

Je sors mon téléphone et je le plaque contre la vitre de la cabine.

– Avez-vous vu cette fille ?

La caissière plisse les yeux, essayant de distinguer l'image à travers le plastique épais qui nous sépare. C'est une photo de Bailey au restaurant. Elle tient son téléphone d'une main et un pancake dans l'autre.

– Non.

Je mets un moment à traiter l'info. Je ne m'attendais pas à une réponse négative.

– Vous êtes sûre ? Est-ce que le bus de 13 heures est déjà parti ?

– Non, non. Aucun n'est encore parti. Roy a la gueule de bois.

Je fais une nouvelle tentative :

– Peut-être qu'elle s'est attaché les cheveux...

La femme soupire, mais avec plus de compassion que d'agacement.

– Elle a moins de quarante ans, elle ne porte pas de pendeloques en cristal ni de chapeau en papier d'alu, et elle a l'air de prendre des douches assez régulièrement. Je ne l'ai pas vue. Croyez-moi, je m'en souviendrais.

Je promène un nouveau regard sur la foule. La caissière a raison : elle n'aurait pas pu rater Bailey. Je me tourne vers la guérite, je prends une brochure et je griffonne mon numéro sur une brochure.

– Si elle revient, est-ce que vous voudriez bien appeler ce…

Avant que j'aie terminé ma phrase, deux retraitées en robes amples, couvertes de bijoux, me bousculent pour accéder au guichet.

– Excusez-moi ! Si on ne part pas bientôt, j'exige un remboursement. J'ai payé trente-cinq dollars pour passer deux heures au musée. Il y a beaucoup de documents à lire, et je veux prendre mon temps.

Son acolyte colle le nez au Plexiglas.

– Je parie que le bus ne viendra pas ! Je parie que le gouvernement a fermé la ligne. Mais vous ne pouvez pas nous cacher la vérité !

Je m'éloigne, laissant la caissière gérer ses clientes.

Peut-être que Bailey est encore en route. Peut-être qu'elle n'a pas trouvé de chauffeur. Est-ce que je dois l'attendre ? J'étais tellement sûre de la trouver ici. J'ai déjà joué la scène dans ma tête. La limousine s'arrête au bord du trottoir dans un crissement de pneus. Bailey, un billet à la main, patiente dans la file interminable des touristes qui attendent de monter dans le bus. Je m'élance dans la foule en criant son nom. Elle se retourne, surprise, et un sourire fugace éclaire son visage, avant qu'elle se force à froncer les sourcils. Je m'excuse. Son expression s'adoucit. Les autres touristes montent dans le bus en nous regardant à la dérobée. Le chauffeur se penche pour demander à Bailey si elle vient toujours. Elle secoue la tête. La porte se referme dans un bruit de soufflet et le véhicule démarre. On le regarde disparaître dans la circulation. Puis on remonte dans la limousine ensemble, main dans la main.

Mais Bailey n'est pas là. Rien de tout cela ne se produira. Je me suis encore trompée sur son compte, et me voilà seule dans une mer d'étrangers... Des gens très particuliers. L'un d'eux, vêtu d'une veste de treillis et d'un pantalon de survêtement argenté, un ours en peluche sale à la main, s'approche de moi en boitant et me toise d'un air soupçonneux. Je commets l'erreur de croiser son regard. Il sourit jusqu'aux oreilles et la folie étincelle dans ses yeux.

– Je t'ai déjà vue, non ? Tu fais souvent cette excursion ?

Il fonce vers moi. Je me précipite vers la limousine et je claque la portière.

– Vite !

Bob jette un coup d'œil à l'homme qui s'approche en titubant et démarre en trombe.

Kilomètre 1598

Je m'affale contre le siège en faux cuir avec un soupir.

– Elle n'était pas là. Je… je ne comprends pas.

– On va à la clinique ? s'enquiert Bob.

– Non. Retournez là où on l'a déposée, en prenant la route la plus directe. Peut-être qu'elle est encore en chemin. Si on ne la trouve pas, on fera… un tour en ville.

Bob hausse un sourcil, l'air sceptique.

– Je sais, dis-je. Ce n'est pas vraiment un plan, mais c'est ce que j'ai de mieux.

Je reste sourde à l'horloge qui égrène les secondes dans ma tête.

Kilomètre 1601

On aperçoit une fille avec un jean déchiré, mais elle a des cheveux châtains ordinaires.

Kilomètre 1606

Une voiture de police est arrêtée au bord de la route, gyrophare allumé. L'officier rédige une contravention à l'intention d'un piéton. Mon cœur s'affole quand je vois un éclair turquoise.

Mais ce n'est qu'un hipster avec un bonnet de laine bleu et une moustache en guidon.

Kilomètre 1612

Je piaffe d'impatience tandis que nous patientons devant un énième feu rouge. Il y a beaucoup plus de circulation que je ne l'aurais cru, à Albuquerque. De rares piétons arpentent les trottoirs, mais aucun ne ressemble à Bailey.

– Alors ! Où est-elle ?

Je commence à désespérer de retrouver mon amie. Nous sommes presque revenus à l'endroit où elle est descendue, et elle est toujours invisible. Il ne nous reste plus qu'à rouler au hasard dans la ville. Dénicher Bailey dans ces conditions est à peu près aussi probable que de trouver des preuves de vie extraterrestre sur terre.

Bob me montre un supermarché de l'autre côté de la rue. Mon espoir renaît et je souris béatement. Bien sûr ! Bailey est forcément allée faire le plein de snacks.

– Bob ! Vous êtes un génie !

Kilomètre 1614

Je descends de la limousine et je fonce vers le bâtiment. Les clochettes de la porte tintinnabulent encore quand j'arrive au comptoir, le téléphone à la main. J'interroge le caissier d'une voix essoufflée :

– Avez-vous vu cette fille ?

Le type somnolent se penche pour examiner la photo. Une légère odeur d'herbe flotte autour de lui. Moi qui comptais sur son sens de l'observation, c'est mort... Il cligne des yeux et se mordille les lèvres. Puis il fait oui de la tête.

– C'est vrai ?

La surprise me laisse sans voix. J'ose à peine y croire.

– Oui, confirme-t-il.

– Quand ?

Le caissier réfléchit.

– Il y a une demi-heure, peut-être ?

Mon cœur s'emballe. Enfin une piste ! Où qu'elle soit, Bailey ne peut pas être à plus d'une demi-heure d'ici.

– Elle vous a dit où elle allait ?

– Non. Elle a juste acheté des Pringles. Et elle a failli voler un briquet, mais elle l'a reposé.

Il sourit.

– Vous avez vu par où elle est partie ?

L'homme secoue la tête.

– Nan.

Ma gorge se serre. J'ai été trop optimiste.

– Elle est restée un moment assise sur le banc, là-bas, ajoute-t-il soudain. J'ai failli aller lui dire que plus aucun bus ne s'arrête ici, mais la machine à hot-dogs s'est mise à fumer, et quand je suis revenu, elle était partie.

Je cours vers la limousine.

– Elle était là !

J'ouvre la porte, je me laisse tomber sur mon siège et je saute au cou de Bob. Il grogne. Je me rassieds, tout sourire.

– Alors ? me demande-t-il.

Je me passe une main dans les cheveux.

– Je ne sais pas exactement où elle est, mais elle était là il y a une demi-heure.

Je lui montre le banc et je manque de m'étrangler en voyant la publicité affichée sur le dossier. L'image est décolorée et à moitié déchirée, mais on y voit un homme en polo jaune, avec les cheveux aux épaules et le front dégarni. Il a un sourire de faux jeton et porte un nain de jardin sous le bras. Je lis tout bas :

– L'Empire du Jardinage de Larry Loco. C'est tellement évident !

Kilomètre 1616

On s'arrête devant l'Empire de Larry Loco, alias le père de Bailey. Elle a juré qu'elle ne voulait pas le voir, mais j'aurais dû comprendre qu'en réalité, ses paroles signifiaient : « J'ai très, très envie de voir mon père, encore plus que d'aller à Roswell. » En général, moins Bailey veut parler de quelque chose, plus ça compte pour elle.

Le bâtiment est situé à l'angle d'une rue. Une clôture en fer forgé encercle la cour extérieure, où sont exposés des pots de terre cuite. Le magasin est peint en bleu layette et une fresque de cactus dansants orne la façade. Les fenêtres aussi sont équipées de fer forgé, et les portes poussiéreuses auraient bien besoin d'un coup de Karcher. Je ne sais pas ce qu'en pensent les gens du coin, mais ça ne me viendrait pas à l'idée d'acheter une plante là-dedans.

– Arrêtez-vous dans la rue latérale. Il ne faut pas que Bailey nous voie si elle regarde dehors.

Je n'ai pas l'intention de la surprendre, mais je ne veux pas qu'elle s'enfuie par-derrière en m'apercevant.

Une fois Bob garé, je descends de la limousine et je me dirige prudemment vers l'entrée. Les fenêtres sont trop hautes pour que je regarde au travers. La porte d'entrée est ma seule option. Les vitres sont teintées et la luminosité extérieure m'empêche de voir dans le magasin. J'écoute attentivement, mais je n'entends ni Bailey ni son père. Seulement une vague musique de supermarché diffusée par les haut-parleurs. Ils sont peut-être déjà en tête-à-tête, quelque part au fond du magasin. Mais, en y réfléchissant bien, ça m'étonnerait. Bailey est remontée contre son père, et quand elle est furieuse, ça s'entend. Si elle l'avait retrouvé, tout le quartier serait au courant.

Une jeune maman vêtue d'un pantalon de yoga et chaussée de chaussures de jogging entre dans le magasin en tirant son tout-petit derrière elle. Je n'apprendrai rien de plus en patientant dehors. J'inspire profondément et je la suis.

Une odeur de terre et d'humidité flotte à l'intérieur. Des piles impressionnantes de sacs de terreau se dressent devant moi. Un carillon tinte dans l'air conditionné, qui agite quelques plantes tropicales suspendues à un treillis. La femme en pantalon de yoga s'approche d'un homme à l'accueil. Elle lui demande où sont les graines bio pendant que son enfant joue avec son iPhone à ses pieds. Quand l'homme se tourne pour consulter le vieil ordinateur relié à la caisse enregistreuse, je reconnais son visage. Ou plus exactement, ses cheveux. C'est le père de Bailey. Il a le front encore plus dégarni que sur la photo de l'abribus, mais c'est bien lui. Il sourit à la femme, les traits détendus. J'en déduis que Bailey n'a pas encore fait son apparition.

Je bifurque dans la première allée avant que M. Butler me repère. Je ne suis pas sûre qu'il se souvienne de moi, nous ne nous sommes pas vus depuis quatre ans, mais je préfère ne pas prendre de risque. Je traverse à pas de loup le rayon des pesticides naturels, à l'affût du moindre mouvement. Tout est silencieux. L'inquiétude me gagne. Et si Bailey n'avait pas prévu de venir ici ? Peut-être est-elle allée directement au domicile de son père. Ou alors, elle a fait du stop pour aller à Roswell…

Puis je l'aperçois, cachée au rayon pelouse, tout au fond du magasin. Elle est accroupie près d'une grosse oie en céramique et regarde fixement la caisse. Il se pourrait qu'elle soit là depuis un moment, à guetter son père de loin. Je les espionne par une fente entre deux étagères. M. Butler tend plusieurs paquets de graines à la maman yoga. Pendant qu'elle cherche sa carte de crédit, il fait des grimaces à l'enfant, qui éclate de rire.

Je coule un regard vers Bailey et je me détourne aussitôt. Son expression est si nostalgique que le simple fait de la regarder me semble intrusif. J'attends qu'elle se reprenne, qu'elle retrouve sa mine renfrognée et son air narquois habituel. Sa marque de fabrique, en quelque sorte… mais on dirait qu'elle rajeunit à vue d'œil. Sa posture s'est transformée, et son éternel rictus est remplacé par un sourire doux et impatient. Elle a l'air d'avoir huit ans. Et elle va faire face à son père comme ça... un père qui, à ma connaissance, ne lui a pas parlé depuis plusieurs années. Je chuchote pour attirer son attention :

– Bailey...

Mais elle est déjà debout. Je regarde à nouveau entre le comptoir et les rayonnages. La mère et son enfant s'en vont. Le tout-petit tient une sucette dans sa main poisseuse. Le père de Bailey traîne un plumeau sur les étagères encombrées derrière le comptoir.

– Bailey ! Attends !

J'ai chuchoté assez fort pour que ma voix parvienne jusqu'à sa cachette, mais si elle m'a entendue, elle n'en montre rien. Elle continue de regarder fixement son père, tout en s'avançant vers l'entrée du magasin.

Je renonce à l'arrêter. L'interrompre maintenant serait sans doute pire que la scène qui se profile... Je me colle contre l'étagère, inhalant un mélange de poussière, d'engrais et de moisissure, et je regarde dans la fente juste à temps pour voir Bailey s'approcher du comptoir. Elle ne dit rien. Elle attend, immobile, en équilibre sur une jambe.

Son père continue à épousseter son étagère en lui tournant le dos. Mais soudain, il sent une présence. Il bombe le torse, pose le plumeau et se retourne avec un sourire chaleureux de commerçant.

Son sourire disparaît quand il reconnaît sa fille. Un autre le remplace, chaleureux, presque aussi amical que le premier. Mais dans l'intervalle, j'ai vu la peur, la culpabilité et un soupçon d'agacement traverser son visage. Bailey l'a forcément remarqué aussi.

Je suis trop loin pour les entendre, mais je vois M. Butler articuler un mot : « Bailey ». C'est tout ce qu'il dit.

Bailey prend la parole avec des gestes vifs, impatients. À mesure que les mots sortent de sa bouche, le sourire de son père s'estompe. Il n'en reste bientôt aucune trace, juste des yeux terrifiés, comme s'il était pris au piège. Bailey ne s'en rend pas compte. Ou alors, elle ne veut pas le voir, car elle n'arrête pas de parler.

Je dois m'approcher. J'ai besoin d'entendre le discours qu'elle débite à cette vitesse vertigineuse. Et surtout, je dois l'arrêter avant qu'elle ne se noie dans les yeux vides de son père. Je me faufile vers l'avant du magasin en courant d'allée en allée. Heureusement, ils sont trop concentrés pour remarquer le bruit feutré de mes pas. J'arrive enfin assez près pour entendre les folles divagations de Bailey.

– … et je me suis dit que je pourrais peut-être passer quelque temps chez toi…

Elle termine son monologue d'une voix aiguë, hésitante, méconnaissable. Son père passe une main dans ce qu'il lui reste de cheveux, et ses mèches jaillissent dans tous les sens. Il pousse le soupir qu'il retient depuis qu'il s'est retourné et a reconnu sa fille.

– Ce n'est pas le moment idéal, Bailey girl. C'est… euh, ma saison la plus chargée.

Il ne prend même pas la peine de proférer son mensonge avec conviction ; les mots coulent de ses lèvres, tièdes et mous. Si Bailey était dans son état normal, elle répliquerait d'un ton acerbe que le magasin est vide. Mais elle se contente de pousser un petit soupir déçu.

– Ah. Ouais. Je comprends.

« Du nerf, Bailey ! Vas-y : dis-lui qu'il y a plus de nains de jardin que de clients dans ses rayons. Dis-lui que tu l'aiderais s'il y a une ruée soudaine sur des jardinières en forme de cactus. Dis-lui... »

– On pourrait dîner ensemble. Je cuisine, si tu veux...

« Nooon ! Tu vaux mieux que ça, Bailey ! »

Le visage de son père se ferme. Son regard se durcit. La peur et la culpabilité ont disparu. Il ne reste que de l'agacement.

– Je ne sais pas... Tu aurais dû appeler.

Une onde de douleur traverse le visage de Bailey. Elle dissimule sa déception derrière un sourire éclatant.

– Ouais, je sais. Mais j'ai fait ça sur un coup de tête. Tu me connais !

Elle conclut sa phrase par un petit rire qui sonne faux, comme s'ils partageaient un bon souvenir. Son père reste impassible.

– Tu as toujours été trop impulsive.

– Je sais, je sais. Je suis désolée, papa.

J'attends que M. Butler se laisse attendrir. Qu'il se rende compte que sa fille est tout près de se briser en mille morceaux, et qu'il la rattrape avant qu'elle se disloque.

Il soupire.

– Tu as besoin d'argent pour rentrer chez toi ?

L'expression de Bailey trahit son incrédulité. Et j'imagine que la mienne aussi. C'est tout ? Mille six cents kilomètres pour deux minutes de conversation et de quoi payer le trajet de retour en car ?

J'attends que Bailey se mette en colère. Elle va serrer les poings. Crier. Tempêter. Lui lancer un râteau à la figure. Lui conseiller de s'enfoncer un cadran solaire en céramique où je pense.

– Non. Ça va. Je vais y aller…

« Non. Non, Bailey. Non. »

Je regarde son père. Il a l'air soulagé. Sa fille a le cœur en miettes, et il pense à ses graines de courge bio. Et quand Bailey sera brisée, quand tous ses morceaux seront éparpillés sur le sol, que restera-t-il ?

Je m'élance avant même d'avoir pris ma décision.

– Vous n'êtes pas sérieux, là ?

Bailey et son père sursautent. J'ai parlé beaucoup plus fort que prévu. M. Butler a l'air confus et Bailey… C'est difficile à dire. Est-elle furieuse ou ravie ?

– Veronica ! Qu'est-ce que tu fous là ? crache-t-elle.

J'ai ma réponse.

Son père met un prénom sur mon visage et retrouve son sourire de vendeur.

– Veronica Clarke ? Quelle surprise !

– Elle a fait mille six cents bornes pour vous voir, et vous ne pouvez même pas dîner avec elle ?

Je n'avais pas prévu de hurler, mais je suis incapable de garder mon sang-froid. M. Butler recule derrière le comptoir, l'air inquiet.

– Veronica, arrête ! siffle Bailey.

Mais c'est plus fort que moi. J'avance encore et j'abats le poing sur le comptoir. La cloche à côté de la caisse tinte faiblement.

– Vous pensez qu'envoyer une carte postale pour Hanoucca vous dispense de votre devoir de père pour le reste de l'année ?

Le père de Bailey pousse un petit cri étranglé. Bailey s'agrippe à mon bras pour tenter de m'éloigner de lui.

– Arrête, Veronica. Laisse tomber, s'il te plaît.

L'expression de Bailey lui ressemble tellement peu que je peine à la déchiffrer. Elle est embarrassée. Son père me regarde à nouveau en souriant.

– Ça ne te regarde pas, jeune fille. Si tu allais attendre dehors, le temps que je règle cette affaire avec Bailey ?

– Non.

Il cligne des yeux. Il ne s'attendait manifestement pas à ce qu'une fille de dix-sept ans le défie ainsi… Preuve qu'il connaît mal les ados.

– Non ? répète-t-il. Je te signale que tu es chez moi, et que je peux appeler la police.

Il tend la main vers un téléphone sans fil crasseux posé près de la caisse. Au lieu de battre en retraite, je me penche en avant et je le regarde dans les yeux. Sa main flotte au-dessus du téléphone.

– Bailey est mon amie. Je ne bouge pas d'ici.

Du coin de l'œil, je vois Bailey tressaillir.

– Je n'étais pas là pour elle quand vous êtes parti. Mais je ne l'abandonnerai pas aujourd'hui, quand vous lui brisez à nouveau le cœur.

Un éclair de colère passe dans les yeux de M. Butler, puis il décide de m'ignorer. Il nous tourne le dos et regarde distraitement un tuyau d'arrosage suspendu au mur. Finalement, il hausse les épaules et passe une main dans ses cheveux clairsemés. Il me paraît soudain petit, hésitant, comme s'il avait rétréci.

– Bailey, quand tu seras grande, tu comprendras. Ta mère savait que je ne voulais pas d'enfants...

Bailey laisse échapper un sanglot étranglé. M. Butler se crispe lorsqu'il se rend compte de ce qu'il a dit, mais il se détend aussitôt, visiblement soulagé d'avoir avoué la vérité. Je me retourne. Bailey pleure en silence et tout son corps tremble.

– Tu es une fille géniale, Bailey, poursuit M. Butler, qui semble prêt à lui tapoter l'épaule pour la réconforter. Mais...

Il me regarde. Je ne vois aucune trace de remords dans ses yeux. Rien qu'une indifférence profonde.

– Certaines personnes ne sont pas faites pour devenir parents.

Je le regarde, bouche bée. Il reprend le plumeau et se tourne vers ses étagères, tandis que sa fille continue de trembler en silence.

On ne peut pas rester là.

– Bailey ?

Ma voix la fait revenir à elle. Elle me regarde d'un air haineux.

– Fous-moi la paix.

Elle s'essuie les yeux d'un revers de main, fonce vers la porte et la pousse à deux mains, laissant entrer une vague d'air chaud dans le magasin. Je cours derrière elle.

– Bailey !

Je l'attrape par l'épaule et je l'oblige à se retourner.

– Quoi ? Qu'est-ce que tu veux encore, Veronica ? me demande-t-elle d'une voix rauque.

Sans répondre, je passe la main dans son dos et je tâtonne dans sa ceinture.

– Qu'est-ce que…

Je suis déjà de retour dans le magasin, son Taser à la main.

Les clochettes tintinnabulent et une vague d'air froid m'enveloppe. M. Butler pivote brusquement et lâche son plumeau quand il me voit foncer sur lui en poussant un cri de karatéka. Son air méfiant laisse la place à la surprise. Puis il remarque l'objet que je tiens à la main.

Sans hésiter, je le vise avec le Taser, je retire la sécurité et je tire.

Tout s'arrête. Il n'y a plus que le crépitement de l'électricité. Le léger bourdonnement de la machine, tiède dans ma main.

Deux fils qui s'enroulent gracieusement dans l'air, une promesse de douleur presque invisible.

Des dards qui se fichent dans le polo du père de Bailey, tels deux petits baisers brûlants.

Son corps qui s'effondre.

Sa mâchoire contractée, les muscles de son cou tendus à se rompre.

Le recul du Taser.

M. Butler par terre, les yeux écarquillés et le regard fixe.

Puis c'est fini.

Les haut-parleurs du magasin diffusent un morceau des B-52 qui se mêle aux gémissements de M. Butler. J'attends d'éprouver des remords. D'être horrifiée par le crime que je viens de commettre. Mais rien ne vient.

Je me penche vers l'homme qui se convulse à terre, tel un poisson sorti de l'eau. Je retire les dards de sa poitrine.

– Le fait d'avoir un enfant suffit à faire de toi un « parent », pauvre type !

Je sors en titubant sur des jambes flageolantes. L'effet de l'adrénaline s'est dissipé. Je suis en nage et j'ai les mains tremblantes. Je ne sais pas si j'ai envie de vomir ou d'éclater de rire. Je me penche et j'essaie de faire les deux, mais je n'émets qu'une espèce de râle étranglé. Quand je me redresse, Bailey me regarde, les yeux écarquillés, vaguement effrayée.

– Pu-tain-de-merde, chuchote-t-elle.

Je détourne le regard, embarrassée.

– Désolée, je ne sais pas ce qui m'a pris...

– Tu as tasé mon père.

– Oui.

Je me tends, prête à subir ses foudres. Si elle n'a pas apprécié que je prenne sa défense devant son père, ça m'étonnerait que j'aie gagné des points en l'agressant. J'ai commis un acte stupide, irréfléchi, alors que personne ne m'avait rien demandé. Je risque de me faire arrêter, ou pire, renvoyer de Brown. Pourtant, je n'arrive pas à le regretter.

– Tu as fait ça pour moi.

Bailey a parlé si bas que je l'entends à peine dans le brouhaha de la circulation.

– Ouais.

Un sourire illumine ses traits.

– C'était… incroyable.

Je souris à mon tour, mais mon menton tremble un peu.

– Il l'a bien mérité.

Elle étrangle un petit rire. Je glousse malgré moi.

– Ne traînons pas, décide-t-elle. Comme ça fait des lustres qu'il n'a pas payé la pension alimentaire, je ne pense pas qu'il appellera la police. Mais on ne sait jamais…

– Tu as raison.

Nous partons chacune dans un sens. On s'arrête et on éclate de rire. Je lui indique la bonne direction d'un signe de tête.

– La voiture est par là.

– La voiture ? Tu es toujours avec Bob ?

– Plus pour longtemps. Il a une *quinceañera*[1] ce soir.
– Ça alors... Et comment on va le payer ?
– Il fait ça gratuitement.
– Trop sympa, ce Bob !
– C'est clair !

Et soudain, mon embarras refait surface. Nous sommes presque arrivées à la limousine. Une musique pop mexicaine filtre de l'habitacle. J'inspire à fond et je me lance :

– Bailey, ce que je t'ai dit...
– Moi aussi, j'ai dit des trucs. Laisse tomber.
– ... sur le fait que tu sois lesbienne...
– Laisse tomber, répète-t-elle.
– Non.

Je m'arrête. Bailey fait encore quelques pas, puis soupire et m'attend, mais elle ne se retourne pas.

– Très bien. Je vais parler dans ton dos, si tu préfères.

Pour toute réponse, elle lâche un grognement, et je serais prête à parier qu'elle a levé les yeux au ciel. Mais elle reste immobile. Comme elle ne me demande pas de me taire, je continue :

– Je sais que ça ne servira à rien de te dire que je suis désolée. J'étais furieuse, et j'ai parlé sans réfléchir. J'ai dit des trucs que je ne pensais pas... Enfin, si, mais pas exactement. Mais ce n'est pas le problème. Le problème, c'est que j'ai été stupide et aveugle... et je vais essayer de

1. Fête traditionnelle dans le monde latino-américain, qui célèbre le passage au statut de femme d'une jeune fille de quinze ans.

m'améliorer. Je t'ai blessée. Encore une fois. Je ne peux pas revenir en arrière, mais je… Je vais faire mieux, OK ? Tu as le droit de m'en vouloir. Ce serait normal. Je…

– S'il te plaît. Arrête.

Je me tais. Bailey se retourne, un drôle de sourire aux lèvres.

– Merci d'avoir dit ça. Je ne pensais pas que j'avais besoin de l'entendre, mais en fait, si. Et moi aussi, je te dois des excuses. Je ne pensais pas non plus ce que j'ai dit. Que tu l'as bien mérité, que tu es une pouffe… J'étais en colère et je voulais juste te blesser. C'était horrible. Je suis désolée.

On se regarde un instant en silence.

– Alors… on est quittes ?

– Tu as *tasé* mon père. On est carrément quittes. Plus que ça, même.

Bailey renifle et sourit à travers les larmes. Je sens que mes yeux se mouillent.

– Plus que ça ?

Elle hoche la tête, s'essuie le nez d'un revers de main et se gratte la nuque. Elle regarde partout, sauf mon visage. Elle a l'air mal à l'aise, furieuse et vulnérable en même temps. Je me sens obligée de l'interroger, juste pour m'assurer que l'émotion que je ressens n'est pas déplacée :

– Plus que ça ? Tu veux dire… des amies ?

– Plus que des amies.

– Genre, des meilleures… ?

– Peut-être pas encore tout à fait.

Je hoche la tête, la gorge nouée.

– Plus que des amies, c'est bien.

On échange des sourires larmoyants et on se frotte les yeux, soudain gênées d'avoir mis nos cœurs à nu. Bailey inspire à fond.

– Super. Je suis contente qu'on ait réglé ça. Maintenant, je peux récupérer le Taser de ma mère ?

Kilomètre 1617

On se précipite dans la limousine.

– Bob ! J'ai retrouvé Bailey !

Il grogne. Bailey sourit.

– Moi aussi, je suis contente de vous voir.

Bob démarre et rejoint le flot de la circulation, tandis qu'elle s'affale sur la banquette. Elle me lance un coup d'œil oblique.

– Dis donc, tu es drôlement en forme pour une fille qui vient de se faire…

Je pique un fard.

– Je… je ne l'ai pas fait.

Bailey se redresse brusquement.

– Quoi ? Pourquoi ? Tu as changé d'avis ?

Je secoue la tête.

– Non. J'ai déplacé mon rendez-vous à 15 h 30… Je voulais d'abord te retrouver. J'avais besoin que tu sois là.

Elle se détourne pour me cacher son expression.

– Tu es folle !

– Je n'étais pas convaincue que Bob puisse te remplacer.

– Ah bon ? Il est génial, pourtant.

L'intéressé lève une main. Bailey la frappe. Je continue :

– Et… Kevin s'est pointé.

Bailey tourne brusquement la tête, partagée entre la surprise et l'horreur.

– Non ! J'espère que vous l'avez écrasé sous les roues de la limousine !

– Presque. Je lui ai balancé mon poing dans la figure.

– Et voilà ! gémit-elle. Maintenant, je regrette vraiment d'être partie. J'aurais payé trop cher pour voir la tronche de Kev écrabouillée sur l'asphalte !

Son sourire disparaît. Elle regarde par la fenêtre, pensive.

– Moi aussi, j'aurais préféré que tu ne partes pas, dis-je. On aurait carrément pu éviter ton père.

– Non. C'est bien qu'on y soit allées, soupire Bailey. J'avais besoin qu'on me rappelle que c'est un sale con.

– Il aurait au moins pu déjeuner avec toi.

– Ah ouais ? Et à quoi ça m'aurait avancée ? explose-t-elle soudain. Franchement, si c'est pour qu'il mette deux paninis industriels au micro-ondes et me propose de regarder *Doctor Who*, laisse tomber ! Parce que, tu sais quoi ? Je hais *Doctor Who* !

– Ah bon ? Je croyais que…

– J'ai continué à regarder la série en espérant que je finirais par découvrir un sens caché. Un secret qui me permettrait de comprendre qui est mon père. De trouver comment m'améliorer pour qu'il se mette à m'aimer. Mais en fait, il n'y a pas de secret ! C'est juste un mec avec un manteau ridicule qui se balade dans un vaisseau spatial bleu !

Bailey cligne des yeux pour refouler ses larmes. Je cherche en vain quelque chose à dire et j'attends qu'elle continue.

– Mon père n'en a rien à faire de moi, et ça ne changera jamais, quoi que je fasse. Quand j'avais six ans, il était déprimé parce que ma mère ne voulait pas qu'il aille au Burning Man[1]. J'ai passé une semaine à construire un bonhomme en carton géant. J'ai sorti toutes les lampes de la maison dans le jardin et je les ai recouvertes de foulards et de trucs pour faire un spectacle de lumière. Tu crois qu'il m'aurait remerciée ? D'accord, j'ai un peu mis le feu à la maison, et il a eu des brûlures au deuxième degré, mais j'avais six ans ! Comment j'aurais pu savoir que j'avais versé trop d'essence à briquet sur ma construction ? L'important, c'était quand même que sa fille se soit pliée en quatre pour le rendre heureux, non ? Mais ça, il ne l'a jamais remarqué. J'en ai tellement marre de tout ça. J'en ai marre d'être une gamine de six ans stupide, triste et effrayée, bordel de merde !

Bailey se roule en boule. Comme je ne trouve toujours rien à dire, je lui passe un bras autour des épaules. Je sens qu'elle se détend.

---

1. Grande rencontre artistique qui a lieu chaque année dans le désert du Nevada, au cours de laquelle on brûle l'effigie du géant « Burning Man ».

Elle renifle et s'essuie les yeux.

– Là, maintenant, je me promets de ne plus jamais essayer de le voir, et je déteste tout ce qu'il est. Mais je suis sûre que d'ici quelques mois, je vais me passionner pour le jardinage, ou le judaïsme, ou je ne sais quoi... Et là, il faudra que tu me rappelles que mon père est un enfoiré. Promets-le-moi. Ça ne peut pas continuer comme ça.

– Seulement si tu me promets que tu ne me laisseras plus jamais sortir avec un con.

– Ça, c'est impossible.

– Pourquoi ?

– Tous les mecs sont des cons.

Bailey se penche en avant et rectifie :

– Sauf vous, Bob !

Pour toute réponse, l'intéressé hausse les épaules.

Kilomètre 1620

L'horloge de mon téléphone affiche 15 h 15. Je regarde par la fenêtre. On est au milieu d'une mer de voitures immobiles. Le soleil fait scintiller les pare-brise. Devant nous, l'embouteillage s'étire à perte de vue.

– Bob ? demande Bailey d'une voix tendue. Comment ça se présente ?

– Prochaine sortie, grommelle-t-il. Désolé.

Mon amie plisse le front et se dévisse le cou pour voir la route. Elle se fait du souci pour moi. À cette pensée, une douce chaleur m'envahit.

– Tu sais, j'ai toujours un bon pressentiment, dis-je.

– C'est le fait de taser mon père qui t'a rendue optimiste ? ironise Bailey.

Non. C'est juste parce qu'elle est assise à côté de moi.

Kilomètre 1627

Bob entre dans le parking dans un crissement de pneus. Avant même qu'il ait freiné, j'ai la main sur la poignée. Pourtant, en apercevant la clinique, je marque une pause.

– Tu n'es pas obligée de venir, dis-je à Bailey, sans oser la regarder.

Je la sens se raidir.

– Pourquoi je ne viendrais pas ?

Cette fois, je me force à l'affronter :

– Je comprendrais que tu ne veuilles pas. Je sais que je t'ai demandé de m'accompagner, mais tu n'es pas obligée. Ce n'est pas si important.

– Euh, si ! C'est hyper important.

– C'est important pour *moi*. Mais je ne veux pas que tu fasses quelque chose qui te met… mal à l'aise.

Je la regarde en face, le menton levé comme pour la défier. Elle sourit.

– Tu fais le choix qui te correspond. C'est ce qui compte. Et de toute manière…

Son sourire faiblit.

– Personne ne devrait être obligé d'avoir un enfant s'il n'en a pas envie.

Bailey n'est plus la même. Elle a toujours les cheveux en bataille et des vêtements froissés, et je dois être la seule personne capable de remarquer sa métamorphose. Je me demande soudain si la réciproque est vraie. Me trouve-t-elle changée, elle aussi ? Je hoche la tête, incapable de parler. Quand je retrouve enfin l'usage de ma voix, je lui demande :

– Alors, tu viens ?

Elle m'enlace.

– Je ne manquerais ça pour rien au monde.

J'appuie la tête contre son épaule et je souris, les lèvres tremblantes.

– Arrête, dit Bailey.

– Arrête quoi ?

– Ne recommence pas à pleurer. Sinon, je vais en faire autant, et j'ai eu ma dose. Ce voyage en limousine, c'est trop d'émotions !

Je ris. Dans le rétroviseur, je vois Bob s'essuyer les yeux. Je me penche par-dessus la cloison, je lui passe les bras autour du cou et je chuchote :

– Merci.

– De rien.

Un instant plus tard, on jaillit de la limousine et on traverse le parking en courant, main dans la main. Les manifestants ont à peine le temps de nous repérer qu'on s'engouffre déjà dans la clinique. La porte qui se referme derrière nous étouffe leurs cris. Je cours vers la réceptionniste, essoufflée.

– Bonjour ! Me revoilà.

Elle me fait un petit sourire.

– Ravie que vous soyez revenue à temps.

Tout est tellement différent. La clinique, les médecins, les infirmières sont les mêmes, mais les couleurs me semblent plus vives, les gens plus chaleureux, les ombres plus douces. Je n'ai plus les nerfs à vif, ni le souffle court, et je sais pourquoi. Bailey est assise à côté de moi, si près que nos épaules se touchent presque. Elle attend avec moi qu'on appelle mon numéro. On ne se parle pas. On n'a pas besoin.

– Patiente soixante-six, appelle une infirmière.

Je me lève.

– C'est moi.

Bailey sourit.

– Vas-y. Tu vas tous les bouffer !

Je lève les yeux au ciel.

– Quoi ? J'ai dit une connerie ?

– Arrête. Tais-toi.

L'instant d'après, elle est debout, tout contre moi, et ses bras m'enlacent. Je lui rends son étreinte en froissant son tee-shirt sous mes doigts. J'enfouis mon visage dans ses cheveux.

Puis, comme on ne peut pas rester comme ça indéfiniment, on se lâche.

Je marche jusqu'à l'infirmière. Elle ouvre la porte.

– Suivez-moi, s'il vous plaît.

Kilomètre 1628

Le soleil décline quand nous sortons de la clinique. Le trottoir est désert, les manifestants sont partis.

– Alors ? me demande Bailey. Comment tu te sens ?

Je regarde les bâtiments teintés d'or et de rose, la rue vide, les arbres, les feuilles immobiles, à présent que le vent chaud de la journée est retombé. Je lève les yeux vers le ciel, d'un bleu limpide, et je souris.

– Je me sens… moi-même.

– Non, je voulais dire : «Tu n'as pas mal ? Tu peux marcher ?»

– Oh, oui ! dis-je, un peu gênée. Je peux marcher.

– Tant mieux. Parce que je meurs de faim et je vois un resto tex-mex au bout de la rue. Partante pour des nachos ?

Le restaurant est un labyrinthe de salles successives décorées de drapeaux mexicains et de piñatas aux couleurs passées. Comme on est samedi soir, les gens sont venus dîner en famille, et l'ambiance est bruyante et haute en couleur. Installées face à face, nous nous goinfrons de nachos dégoulinants de fromage doré et de viande grasse. Notre conversation se résume à des monosyllabes :

– Trop bon…

– Je veux me marier avec ces chips…

Bailey avale une longue gorgée de soda et pousse un soupir de satisfaction.

– Alors, il est à quelle heure, ce car ?

– On l'a raté. Il n'y en a pas d'autre avant demain matin.

Elle comprend soudain :

– Quand tu as changé ton rendez-vous pour venir me chercher, tu savais que tu ne pourrais pas être rentrée à temps.

Je hausse les épaules.

– Ça me semblait plus important de te retrouver.

– Mais tes parents. Ils vont l'apprendre.

Je hausse à nouveau les épaules, surprise de voir Bailey aussi contrariée.

– Tout le lycée va être au courant, ajoute-t-elle.

– Je sais.

Je ne suis pas ravie, et ça se voit.

– C'était idiot, déclare-t-elle.

– Non. Pas du tout.

Mes yeux lancent des éclairs.

– Je n'attends pas de remerciements, mais tu n'es pas non plus obligée de te mettre en colère.

– Je ne suis pas en colère ! réplique-t-elle sèchement.

– Alors, pourquoi tu me cries dessus ?

Bailey soupire, agacée.

– Désolée. C'est juste que... Je viens seulement de comprendre tout ce que ça implique. C'est énorme, en fait. Je veux dire... on est quand même venues jusqu'ici pour que personne n'en sache rien.

Elle fouille dans son portefeuille.

– Il me reste sept dollars. Et toi ?

– Deux cent quatre-vingts.

Je n'ai pas besoin de regarder. J'ai déjà compté.

– Tu crois que quelqu'un acceptera de nous vendre une voiture pour deux cent quatre-vingt-sept dollars ?

– Pas le genre de voiture capable de nous ramener chez nous.

Bailey se recoiffe avec les doigts.

– Tu ne mesures pas la gravité de la situation. Crois-moi, je sais ce que ça fait d'avoir tout le bahut contre soi.

Elle lance une chips au maïs dans sa bouche et marmonne un truc du genre :

– Je n'en vaux pas la peine.

Je cligne des yeux, surprise.

– Bien sûr que si !

Bailey renifle.

– On en reparlera quand la moitié de l'équipe de football te traitera de salope. Ou quand on te soupçonnera de vouer un culte à Satan parce que tu ne portes pas de rose. Quand les profs feront semblant de ne pas voir tes camarades te bousculer dans le couloir, parce que tu n'es pas comme tout le monde.

Ses mots dégoulinent d'amertume. En voyant mon expression, elle hausse un sourcil.

– Quoi ? Tu crois que ça me plaît de déjeuner seule à la cafétéria depuis quatre ans ? Tu crois que c'est un choix ?

– Tu as toujours fait comme si ça l'était.

Elle lève les yeux au ciel.

– Personne ne fait un choix pareil.

– Au moins, maintenant, tu auras quelqu'un avec qui déjeuner.

J'ai dit ça avec un sourire, en tentant de prendre un ton désinvolte, mais Bailey n'est pas dupe. Elle souffle. J'insiste :

– Tu en vaux la peine.

Elle finit par sourire à son tour.

– En fait, ça pourrait être sympa de partager ma table avec une autre tarée.

– Tu vas m'apprendre à aboyer sur les gens qui passent ?

– Ouais. Et je te passerai mes vieilles rangers. Il faut que tu aies le physique du rôle.

Je glousse.

– Je devrais peut-être me teindre les cheveux en vert.

– Carrément. Et te mettre un piercing dans le nez.

On éclate de rire. Bailey lève la tête. Elle a les yeux brillants.

– C'est horrible à dire, mais je ne vais pas te mentir :

j'adore l'idée. C'est comme ça que j'avais imaginé le lycée. Nous deux contre le monde entier.

Une nouvelle vague de culpabilité me submerge, et mon rire s'éteint.

– Je suis désolée. Ça aurait dû être comme ça pendant quatre ans.

Avec un sourire timide, j'ajoute :

– Bon, il nous reste quand même quelques semaines…

Bailey retrouve son sérieux et secoue la tête.

– Franchement, tu seras toujours la bienvenue à ma table, mais… ça craint vraiment que tu doives en arriver là.

Je hoche la tête. Je ne vais pas prétendre le contraire. J'ai adoré la vie que j'avais. C'était fabuleux. J'étais tout près de devenir une de ces personnes ringardes qui pensent avec nostalgie à leurs années de lycée. Mais ça, c'était hier. Bientôt, mes parents, mes amis, tout le monde apprendra la vérité, et il ne restera plus rien de la Veronica Clarke d'avant. Oubliées mes excellentes notes et mon investissement dans le conseil des étudiants. La seule chose que l'on retiendra de moi, c'est que je me suis fait avorter.

J'imagine que Kevin a déjà parcouru la moitié du chemin pour rentrer dans le Missouri et balancé des textos à tous ses amis en cours de route. Je l'ai frappé, j'ai refusé sa demande en mariage et j'ai avorté, alors qu'il voulait me forcer à avoir ce bébé. Il n'a aucune raison de garder le silence. Peut-être même que tout le lycée est déjà au courant. Mon téléphone est silencieux depuis ce matin. J'essaie de me convaincre que c'est bon signe, que les filles sont absorbées par leurs révisions, mais le doute s'insinue en moi. Et si elles étaient trop horrifiées pour me parler ?

Je sais que j'ai fait le bon choix, et c'est une pensée réconfortante, semblable à une petite flamme qui brûle au fond de moi et me réchauffe le cœur. Seulement, je n'ai pas mesuré ce que ça allait me coûter.

J'avale une gorgée de soda, comme si je pouvais noyer mon angoisse dans un flot de liquide sucré et pétillant. Je n'aurai qu'à prendre mon mal en patience. Les cours sont presque terminés. Le lycée ne sera bientôt plus qu'un souvenir. J'ai un dernier été à passer avec mes parents. Je devrais pouvoir le supporter. Au point où j'en suis… Je déjeunerai à la table de Bailey à la cafétéria, et on se soutiendra mutuellement.

Je m'aperçois que mes mains tremblent.

Bailey hausse un sourcil d'un air entendu avant de retourner à ses nachos.

Nos assiettes sont vides et des contractions me tordent le ventre. Je compte lentement la monnaie pour payer l'addition en m'obligeant à respirer. La douleur est montée progressivement pendant le repas et a atteint un stade critique : j'ai juste envie de me rouler en boule et de supplier qu'on m'achève. Le comprimé d'Advil que j'ai avalé ne fait pas encore d'effet. Bailey est aux toilettes. J'ai hâte qu'elle revienne pour qu'on puisse partir. J'ai besoin de me réfugier dans un endroit isolé pour hurler ma douleur, tel un cerf à l'agonie.

Une serveuse s'arrête devant notre table et me considère avec un petit froncement de sourcils. Je lui souris, les dents serrées. Circulez, il n'y a rien à voir ! Certainement pas une adolescente qui subit les effets secondaires d'un avortement.

Je repère enfin Bailey. Elle fonce vers notre table, et je m'alarme en voyant son expression. Je connais trop bien cette lueur de folie dangereuse qui fait pétiller ses yeux. Elle est synonyme d'ennuis. Soudain, le fait que mon utérus se torde comme un bretzel est le cadet de mes soucis.

– Bailey, qu'est-ce que tu as fait ?

– Qu'est-ce qui t'arrive ? m'interroge-t-elle en retour. Tu ressembles à un cerf à l'agonie.

– J'ai mal au ventre. Qu'est-ce que tu as fait ?

Elle plisse le front, inquiète.

– C'est très douloureux ? Il faut que tu voies un docteur ?

Je la rassure :

– Ils m'ont prévenue que ça risquait d'être intense. Bailey. Dis-moi ce que tu as fait.

Pour toute réponse, elle pose un trousseau de clés sur la table avec un sourire triomphant. Je ferme les yeux. Pas à cause de la douleur, qui est en train de diminuer, mais parce que je suis consternée. Elle ose vraiment tout.

– Non, dis-je. Ce n'est pas la bonne solution. Va remettre ces clés où tu les as prises. On a commis assez de délits pour un seul voyage.

Bailey secoue la tête.

– Regarde-les bien.

Je m'exécute et j'ouvre des yeux ronds en reconnaissant le porte-clés « I Love Veronica ».

– C'est celles de... ?

Bailey hoche la tête, hilare.

– Ouaip.

– Il est là ?!

Ma voix s'est éraillée sous l'effet de la surprise. Je parcours la salle du regard, à la recherche de la silhouette longiligne de Kevin, mais le restaurant est immense et bondé. Je ne le vois nulle part. Avec un peu de chance, il ne nous voit pas non plus.

– Comment tu l'as trouvé ?

– Il est au fond du restaurant. J'ai entendu des serveuses se plaindre qu'un type avait passé la journée à une table, à manger des frites en buvant du Sprite. Comme il est parti aux toilettes, elles parlaient de donner sa table à d'autres clients. C'est là que j'ai compris. Alors je me suis approchée, et tu ne vas jamais me croire : ce crétin avait laissé ses clés sur la table.

Son sourire a quelque chose de diabolique.

– C'est comme s'il me suppliait de les prendre, conclut-elle.

Je ramasse les clés, puis je les repose.

– Bailey, on ne peut pas lui voler sa voiture.

– Ce n'est pas du vol. On la lui rendra. Dans le Missouri.

– Le car, ça ira très bien. On arrivera demain et je me débrouillerai avec mes parents.

– Ses clés sont sur la table. C'est un signe de Dieu !

– Tu crois en Dieu, maintenant ?

– J'essaie de parler ta langue. Allez, viens. On y va !

Je reste immobile. Bailey m'attrape les mains, soudain sérieuse.

– Essaie de comprendre ! m'implore-t-elle. Si on prend le monospace, on sera rentrées à temps. Tes parents, tes amies..., personne ne saura rien. On peut encore réussir !

Elle a raison. L'espoir gonfle ma poitrine. J'ai failli être emportée par un raz-de-marée d'humiliation, j'étais tout près de m'effondrer, et soudain, j'entrevois une issue. Tout ce que j'ai à faire, c'est emprunter la voiture de mon ex-petit ami psychotique. Bailey sent mon hésitation.

– Veronica, ce mec a failli ruiner ta vie. Il y arrivera si on ne prend pas les choses en main.

– Ça risque de ne pas suffire. Il peut encore parler.

– S'il te plaît ! Tu crois vraiment qu'il va se vanter d'avoir troué des capotes ? Et même s'il parle, ta situation ne sera pas pire que maintenant. En plus, tu oublies un détail important.

– Quoi ?

– Il le mérite.

Je suis surprise par la haine glaciale qui filtre dans sa voix.

– Tu le sais, en plus. Un coup de pied dans les couilles et un coup de poing, ce n'est pas suffisant.

Alors qu'elle prononce ces mots, la colère s'empare de moi et enflamme mon corps tout entier. Elle a raison. Je libère mes mains, ramasse les clés et les lâche dans sa paume.

– C'est vrai, ça ne suffit pas. Mais peut-être qu'un coup de pied dans les couilles, un coup de poing, et un vol de voiture, oui.

– C'est un bon début ! exulte Bailey.

Je lève une main pour lui dicter mes conditions :

– Mais on lui laisse de l'argent. Pour qu'il puisse rentrer en car.

– C'est fait, dit-elle en souriant.

Elle sort du box et me tend une main.

– Viens.

On sort en trombe du restaurant, on dévale les marches et on fonce vers le parking. Bailey a confié à une serveuse assez d'argent pour acheter un billet de car, en lui disant où Kevin était assis. On n'a plus qu'à mettre notre plan à exécution !

Je passe en revue les voitures en stationnement, à la recherche du monospace.

– Il est là !

Nous nous précipitons vers le véhicule, dopées à l'adrénaline. Je m'aperçois que je souris bêtement. C'est vilain de s'amuser autant !

La porte du restaurant s'ouvre derrière nous, et le son des mariachis flotte dans l'air nocturne. Je me risque à jeter un coup d'œil par-dessus mon épaule et je reconnais la silhouette de Kevin dans l'embrasure. Je crie, avec un mélange de panique et de jubilation :

– Il est là !

Bailey déverrouille les portes du monospace à distance en appuyant sur la clé. J'entends un bruit de course derrière nous, de plus en plus proche. Des halètements furieux. Je me rappelle un peu tard que Kevin est ailier dans l'équipe de foot. Il est rapide. Je préviens Bailey :

– Il nous rattrape !

– Accélère ! me crie-t-elle en retour.

Nous ouvrons les portes du véhicule et nous nous jetons sur les sièges. L'intérieur sent le fast-food, les chaussettes sales et le granité séché. Et la victoire ! Bailey tourne la clé de contact et le moteur prend vie.

– Vite !

Elle enclenche la marche arrière et manœuvre à la hâte pour sortir de la place de parking. Kevin fait un bond de côté. Je hurle :

– Ne le tue pas !

– Ne t'inquiète pas pour lui.

Bailey embraye au moment où Kevin frappe à ma vitre, une liasse de billets dans le poing.

– Vous n'avez pas le droit ! hurle-t-il.

– Tu ne peux pas nous en empêcher !

– Tu crois ça ?

Il s'agrippe au rétroviseur latéral et ses pieds dérapent sur l'asphalte pendant que Bailey roule au pas. J'éclate d'un rire hystérique.

– Bailey ! Il s'accroche à la voiture !

– Pas pour longtemps.

Elle grogne et appuie sur l'accélérateur. Kevin est forcé de trotter, puis de courir. Je baisse ma vitre.

– Écoute-moi bien, Kevin…

Il secoue la tête et continue de s'accrocher au rétroviseur, totalement concentré sur sa tâche. Je me penche par la fenêtre pour m'assurer qu'il entende bien ce que j'ai à lui dire.

– Regarde les choses en face. Tu as beaucoup de choses à te reprocher, et tu n'auras pas assez d'une vie pour te racheter. Mais je me sens d'humeur généreuse. Si tu nous prêtes ta voiture, j'estimerai qu'on est quittes. Et comme je suis vraiment très sympa, quand j'enverrai un message à mes amies pour leur apprendre qu'on a rompu, je dirai que c'est d'un commun accord. Qu'on ne voulait pas se sentir coincés à l'université, et tout le blabla. Je ne leur dirai pas que tu es un menteur et un manipulateur, et que ton pénis pue le cheddar. Alors, s'il te plaît… si tu acceptes mes conditions, je te suggère de lâcher la voiture.

Je vois les émotions se succéder à toute vitesse sur le visage de Kevin : la colère, l'embarras, la défaite, la résignation. Avec un grognement, il lâche prise et s'arrête en dérapant. Je me tourne vers Bailey.

– Fonce !

Elle hoche la tête et écrase l'accélérateur. Le monospace bondit en avant. Juste avant qu'elle amorce le virage vers la rue principale, je jette un coup d'œil dans le rétroviseur. La silhouette de Kevin n'est plus qu'un petit point dans le lointain.

– Waouh ! s'exclame Bailey. Waouh, waouh ! Rappelle-moi de ne jamais me mettre en travers de ton chemin.

Je souris.

– On n'a que quatorze heures pour faire mille six cents kilomètres. Il ne faut pas traîner. Tu crois qu'on peut éviter de s'arrêter dans un club de strip-tease, cette fois ?

Bailey fait mine de réfléchir.

– Euh… Peut-être. Si tu réponds à ma question.

– Quoi ?

– Est-ce que le pénis de Kevin sent vraiment le cheddar ?

– Argh ! C'est dégueu ! Non !

Puis je réfléchis une seconde.

– Enfin, si. Peut-être un peu…

– Beeuuurk !

Kilomètre 1763

– Beeeeeuuuuuuurk !
– Bailey ! Arrête !
– Non. Je n’y arrive pas.

Kilomètre 2291

– Beeeeuuuuuurk… Oh, regarde ! C'est Sirènes !

– Bailey, pourquoi tu changes de voie ?

– Pour rien.

– Bailey.

– Juste une chanson !

– Bailey ! Si tu continues, je te raconte *en détail* toutes les fois où j'ai couché avec Kevin !

Kilomètre 2292

– Tu sais, si tu as vraiment besoin de te dégourdir les jambes, je pense que c'est le bon endroit.

– Non.

– Allez... Tu ne veux pas dire bonjour à tes copines ?

– Ce ne sont pas mes copines. Elles ont failli me tuer.

– Meeuh ! Tu nous manques, Bailey. Meeeeeuh !

– Arrête !

– Meeeeuh.

Kilomètre 2403

– C'est bon, j'ai fait le plein d'essence.

– Parfait ! Tiens, je t'ai pris ça…

– Ah bon ? C'est quoi ?

– Une glace. Myrtille-cerise, avec une pointe de Coca. Et le dernier numéro d'*Ovni magazine*.

– Je t'aime.

Kilomètre 2430

– Voilà, j'ai envoyé le message.

Penchées sur l'écran de mon téléphone, qui baigne nos visages d'une lueur bleutée, Bailey et moi attendons une réponse à mon message :

Moi : Kevin et moi avons rompu.

On s'est arrêtées au bord de la route. Seuls quelques semi-remorques, qui nous dépassent en grondant, troublent le silence.

– Elles ne répondent pas, s'impatiente Bailey.

– Donne-leur une minute.

Soudain, mon téléphone explose d'un millier de « pings », et ma main vibre tandis que l'écran clignote, affichant une succession de messages.

Emily : QUOI ????

Jocelyn : C'est une blague, avoue !

Kaylee : Même pas drôle, Ronnie.

Emily : Sérieux, il se passe quoi ?

Jocelyn : Tu veux qu'on t'appelle ?

Kaylee : Je ne te crois toujours pas.

Emily : Que s'est-il passé ?

Mes doigts planent au-dessus du clavier. Je regarde Bailey.

– Ça me fait bizarre de mentir.

Elle m'arrache le téléphone de la main.

– Non, non… J'apprécie tes bons sentiments, mais le moment est mal choisi pour dévoiler la Nouvelle Veronica Améliorée. On est tout près de réussir.

Bailey a raison. Pourquoi tout gâcher maintenant ?

Elle tape la réponse avec les pouces et me montre l'écran. Je lis :

On s'est disputés à cause de la fac. Il n'était pas content que je parte aussi loin.

– C'est vrai, souligne Bailey.

– Ouais. Tu as juste omis quelques détails.

– Exact.

Elle continue à taper et me présente le téléphone. Je lis à voix haute :

– Sa b… sent le cheddar. Bailey !

– Je croyais que tu voulais être honnête !

– Retire-le.

– C'est un détail important !

– Bailey…

– Très bien, souffle-t-elle, déçue.

Elle s'exécute et me rend le téléphone. Je relis le message, puis j'appuie sur Envoyer. Quelques secondes plus tard, de nouveaux messages s'affichent à l'écran.

Jocelyn : Mais il sait depuis toujours que tu vas à Brown.

Kaylee : Pourquoi vous n'avez pas attendu la fin de l'été ?

Emily : Je comprends. À quoi bon laisser les choses traîner si ça doit se terminer de toute façon ?

Kaylee : Ouais, mettons. Sauf qu'il a des bras à tomber.

Jocelyn : Elle s'en remettra. Il y a sûrement des mecs avec des bras encore plus sexy à Brown.

Kaylee : Puisqu'il est libre, ça te dérange si je l'emmène faire un tour en voiture cet été ?

Emily : KAYLEE ! Remballe tes hormones et fais preuve d'un peu d'empathie.

Jocelyn : Ouais. Laisse-la faire son deuil et repose-lui la question lundi. LOL. 😋

Emily : 😂

Mon téléphone continue à vibrer. Apparemment, les filles n'ont pas besoin de moi pour discuter de ma rupture. Je le lâche sur mes genoux.

– On dirait qu'elles le prennent plutôt bien, commente Bailey.

– Oui, dis-je, un peu déprimée.

J'aurais dû m'attendre à leur réaction. Des blagues, mais pas d'inquiétude sincère. Cela dit, c'est autant ma faute que la leur. Veronica la Parfaite n'a pas besoin d'être réconfortée.

– Au moins, elles ne se méfient pas, souligne-t-elle.

Je renifle.

– Pourquoi voudrais-tu qu'elles se méfient ? C'est typiquement le genre de truc que je pourrais faire.

Mon portable ne vibre plus. Je regarde l'écran. À la fin d'une longue liste de messages énumérant les charmes de Kevin, suivis de conseils pour me trouver un maître-nageur sexy cet été, les filles me proposent à contrecœur de quitter la cabane du lac plus tôt pour venir me chercher. Je décline leur offre et je me tourne vers Bailey.

– On y va ?

– Une seconde. Passe-moi ton téléphone, s'il te plaît.

– Non. Je te l'ai déjà dit : pas de blagues sur le cheddar.

– Le monde ne tourne pas autour de toi, Veronica, ronchonne-t-elle. J'ai juste un coup de fil à passer.

Je lui tends le portable, confuse. Elle compose un numéro et attend.

– Allô, maman ?

Une voix furieuse débite un chapelet de reproches. Bailey grimace.

– Ouais. Désolée de t'avoir crié dessus avant que tu partes au boulot.

Elle laisse sa mère fulminer un petit moment avant de l'interrompre :

– Euh, il faut que je te dise : je suis allée voir papa…

Le silence plane un instant, puis Bailey reprend :

– Oui, à Albuquerque.

Elle éloigne le téléphone de son oreille pour échapper à une nouvelle salve de remontrances.

– Calme-toi, OK ? De toute façon, ça ne change rien : je suis presque à la maison. Je t'expliquerai. Oui. Je suis avec une amie. Si, j'ai des amis ! Oui, bien sûr que j'ai rapporté le Taser ! Bref, je voulais juste te dire que j'allais bien.

Elle écoute sa mère la houspiller avec un petit sourire.

– Ouais. Tu as raison. On est mieux sans lui. Moi aussi, je t'aime.

Je la sens prête à clore la conversation, quand elle s'exclame soudain :

– Hein ? Quoi ? La voiture de Trav ?

Elle se tourne vers moi, et nous échangeons un regard affolé. « Merde ! »

Bailey joue les innocentes :

– Waouh. C'est bizarre ! Non, elle était là quand je suis partie… Mais tu sais, maintenant que j'y pense, les clés étaient à l'intérieur…

Je devine que sa mère n'est pas dupe, car Bailey passe aussitôt aux aveux :

– Ouais, c'est bon ! Je l'ai prise ! Mais ensuite, d'autres types nous l'ont volée, et ils l'ont détruite. Elle est quelque part en Oklahoma, OK ?

En voyant mon regard sévère, elle s'empresse d'ajouter :

– Mais mon amie n'a rien à voir avec cette histoire !

Un long silence s'installe. Bailey écoute sa mère.

– Ah bon ? Mais carrément ! Ce connard n'aurait pas dû te tromper. Tu as déjà réfléchi à changer de bord ?

Bailey rit avec sa mère.

– C'est ça. À bientôt !

Elle éteint le téléphone.

– Au moins, j'ai une mère qui assure, commente-t-elle. Ça en fait un sur deux…

– Je… Tu… Ta mère…

Je prends le temps de rassembler mes pensées, puis je constate :

– Je ne pourrais jamais être aussi honnête avec mes parents.

– Ouais, bon, elle ne sait pas tout…

Bailey quitte l'aire de repos et accélère pour rejoindre l'autoroute.

– Elle ne sait pas que je planque de l'herbe dans mes poupées Hello Kitty, ni que j'essaie de pécho tous ses mecs pour voir s'ils sont pédophiles – un seul pour l'instant. Ni que j'ai embrassé mon cousin Cooper avec la langue…

– Tu as embrassé un garçon ?

– Oui. Mais ça ne m'a pas convaincue. Elle ne sait pas non plus que j'ai bouché les toilettes en tirant la chasse d'eau sur ma figurine Bob l'éponge… Il voulait retrouver sa maison ananas au fond de la mer… Ni que j'ai nourri mon hamster – prénommé Snickers – de Snickers pendant un mois. Il est mort. Ni que…

Kilomètre 2990

Un paysage sombre et monotone défile derrière ma fenêtre. Je me concentre sur mon reflet dans la vitre. Je n'ai pas l'air particulièrement heureuse, mais la terreur m'a quittée. Je suis paisible. Probablement grâce au deuxième Advil de puissance industrielle que j'ai avalé il y a quinze kilomètres, mais pas seulement. Quand je retournerai au lycée, lundi, tout sera différent. On chuchotera sur mon passage, on me regardera différemment, mais je devrais pouvoir le gérer. L'honnêteté est une bonne chose, bien sûr, mais ce sera beaucoup plus facile si personne ne sait ce que j'ai fait. Je n'aurai qu'à me concentrer sur mes examens. Profiter de la remise des diplômes. Et surtout, je ne décevrai pas mes parents.

Je me sens à l'aise dans la peau de la nouvelle Veronica. La fille qui a rompu avec son petit ami à cause de la fac. Il ne sera pas question du Nouveau-Mexique ni de mon avortement. Et tout ça, grâce à Bailey. Je lui souris.

Elle boit une dernière gorgée de Red Bull, puis balance la canette à l'arrière du monospace.

– Quoi ? me demande-t-elle en laissant échapper un rot sonore.

Je lève les yeux au ciel, puis je la contemple à nouveau. Elle a le regard vitreux et les cheveux hérissés. Ça fait un paquet d'heures qu'elle n'a pas dormi.

– Désolée qu'on ne soit pas allées à Roswell.

Elle hausse les épaules.

– Ce n'est pas grave. Je ne sais pas si tu as compris, mais je voulais surtout aller voir mon père.

Je feins l'étonnement :

– Ah bon ?

– Ouais, je sais. Qui l'eût cru ? lâche-t-elle en souriant.

Je regarde à nouveau par la fenêtre. Les plaines désertes ont cédé la place à des collines boisées, et des myriades d'étoiles scintillent dans le ciel. Les seuls signes d'occupation humaine sont les rares panneaux publicitaires qui se dressent au bord de la route, pour vanter les mérites d'un restaurant, d'un espace de détente, ou de Dieu lui-même. L'un d'eux capte mon attention.

– Arrête-toi !

Bailey me regarde, surprise.

– Sérieux ?

Je souris.

– Sérieux.

Kilomètre 2992

Derrière le grillage, l'éléphant et la vache géants se dressent majestueusement au milieu d'un océan d'herbe. Seules les stridulations des insectes et le grondement occasionnel d'une voiture qui passe sur l'autoroute troublent le silence. L'excitation fait battre mon cœur. Sans me soucier du panneau « Entrée interdite », je saisis le métal froid à deux mains et j'escalade la clôture. À mi-hauteur, je jette un coup d'œil par-dessus mon épaule.

– Tu ne viens pas ?

Bailey est restée au sol.

– Et les chiens ? demande-t-elle d'un air faussement inquiet.

Je souris.

– On jouera aux ninjas.

Une minute plus tard, nous sautons à terre de l'autre côté du grillage. Bailey étouffe un petit cri de joie et fonce vers l'éléphant. Elle se suspend à la trompe et commence à se hisser vers la tête. J'examine la vache en me demandant comment je vais grimper là-haut. Qu'importe, je suis décidée à y arriver, coûte que coûte.

J'enlace le genou de Marguerite, j'enroule les cuisses autour de sa jambe, et je me hisse vers le haut. Je glisse, je resserre mon étreinte et je gagne du terrain, centimètre après centimètre. Mes épaules me brûlent, mes cuisses tremblent, mais je continue. Et ça marche ! Surtout parce que je m'aperçois chemin faisant que la statue est équipée de barreaux en métal qui permettent de l'escalader. L'instant d'après, je suis perchée sur le dos de la troisième plus grande vache de l'État. Le monde s'étend au-dessous de moi, la brise nocturne ébouriffe mes cheveux, et la lumière des étoiles baigne mon visage. Je me tourne vers Bailey. Juchée sur le dos d'un éléphant rose, à quatre mètres du sol, elle incline le menton vers le ciel.

Se sentant observée, Bailey s'immobilise, et nos yeux se croisent. Elle tend les bras en souriant. J'imite son geste. Nos doigts ne se touchent pas, mais on est assez près pour que je sente le courant passer.

Allongées sur le dos de nos bêtes respectives, les bras sous la tête, nous contemplons la Voie lactée. Loin des villes et de toute pollution lumineuse, les étoiles semblent si proches qu'on pourrait les toucher, plonger dans l'univers et le laisser nous absorber.

– Je sais que ce n'est pas Roswell, mais…

– Chut ! m'intime Bailey.

Je n'insiste pas. Au bout d'un petit moment, elle se tourne vers moi.

– Tu as réussi, me dit-elle. Personne ne saura rien.

– Je sais.

J'attends une explosion de joie qui ne vient pas. Je me sens soudain vide, désemparée.

– J'ai du mal à me faire à cette idée. Ça me paraît dingue de me dire que, dans quelques heures, on arrivera devant chez moi, et ce sera comme s'il ne s'était rien passé.

Bailey continue à admirer les étoiles. Elle lève un bras pour suivre le dessin d'une constellation.

– Regarde, c'est les Gémeaux.

– Enfin, si Kevin ne parle pas…

Bailey renifle.

– Il ne dira rien. C'est un lâche.

Elle a raison. Kevin risque de me menacer, mais ça n'ira pas plus loin. Il a autant à perdre que moi. Mon secret est bien gardé.

– Bailey…

– Tu sais, puisque tout rentre dans l'ordre, je veux que tu saches que je ne m'attends pas à ce que tu t'affiches avec moi. Tu n'as pas besoin de me taper dans la main quand on se croisera dans les couloirs, ni rien.

Sa phrase me fait l'effet d'un coup de poing dans le ventre. Mes poumons se vident d'un coup.

– Arrête. Tu sais bien que je ne vais pas t'ignorer !

Bailey s'arrache à la contemplation des étoiles pour me faire face.

– Ah bon ? Tu vas me proposer de déjeuner avec tes amies ? Pour qu'on se félicite mutuellement d'avoir décroché un 20 à l'épreuve de physique ?

– Je n'ai pas révisé de tout le week-end, alors, ça m'étonnerait que...

Je m'interromps au milieu de ma phrase en voyant l'expression de Bailey. Elle a raison. Pourquoi ne fait-elle pas partie du tableau quand j'imagine ma nouvelle vie, celle que je viens de reconquérir ? Pourquoi n'est-elle qu'une silhouette floue, dans la marge ? Je ne nous vois pas marcher ensemble dans les couloirs, ni déjeuner ensemble à la cafétéria. Pourquoi ?

Je me rassieds et je croise les bras.

– Ouais. Pourquoi pas ? dis-je.

Bailey continue, implacable :

– Et tu ne crois pas qu'elles vont trouver ça bizarre, qu'on soit devenues soudainement amies ? Tu ne crois pas qu'elles vont se poser des questions ?

– On pourrait dire... je ne sais pas. Qu'on a repris contact, et que...

– Tu es major de ta promo...

– Pas encore.

– Et moi, j'aboie sur les gens.

Soudain, je la déteste de me faire ce cadeau. Elle sait que je meurs d'envie de récupérer ma vie d'avant... la vie heureuse et brillante dans laquelle elle n'a pas sa place. Et je sais ce que ça lui coûte. N'empêche, elle est prête à le faire. Pour moi.

– Mais…

C'est tout ce que je trouve à dire pour protester. Bailey se redresse et me dévisage.

– Je ne t'en voudrai pas si tu ne me dis pas bonjour, conclut-elle simplement.

Et elle est sincère.

– D'accord.

Elle acquiesce à son tour. Je fixe mes chaussures, le sol, n'importe quoi, sauf elle.

– Mais… on est toujours amies ?

Les mots m'ont échappé. Après tout ce qu'elle a fait, ce qu'elle s'apprête à faire, je ne mérite pas de poser cette question. Mes joues s'embrasent.

– Désolée, je… Si tu ne veux pas, c'est…

Bailey pouffe.

– Bien sûr qu'on est toujours amies. On sera toujours amies, idiote.

Je souris. Soudain, elle sursaute et pointe un doigt vers le ciel.

– Attends. C'était quoi, ça ?

Je regarde dans la direction qu'elle m'indique.

– Bailey…

La surprise fait trembler ma voix.

– Bailey, c'est un…

Elle secoue la tête.

– Non, non. Impossible.

J'insiste :

– Mais si ! Carrément !

– Non. Ce n'est pas possible.

Une lueur, un scintillement… quelque chose se déplace au loin entre les étoiles. Sa forme est trop étrange pour qu'il s'agisse d'un avion ou d'un hélicoptère. La chose progresse dans le ciel, laissant une traînée verdâtre dans son sillage. Elle plane un moment au-dessus de nous, puis décrit un petit cercle… deux, et disparaît en un clin d'œil. Je regarde Bailey. Elle a toujours les yeux rivés sur le ciel, à l'endroit où le – le quoi ? – a disparu. Sa bouche ouverte dessine un O émerveillé.

– Waouh.

– Oui.

Elle se tourne vers moi, hilare.

– Ils ont ramené Kevin sur sa planète natale.

Nous éclatons de rire, si fort que nous manquons de tomber de nos montures.

– Allez, on rentre chez nous.

Kilomètre 3220

Je me réveille en sentant un filet de salive couler sur mon menton. L'éclat du soleil me fait plisser les yeux, et j'essaie de rassembler mes souvenirs. L'Advil aidant, j'ai dû m'endormir au petit matin, après notre dernier arrêt dans une station-service, bercée par le bruit du moteur et la monotonie du paysage. Le monospace est garé dans une rue, le moteur éteint. Je reconnais avec un pincement au cœur les maisons environnantes. Je suis de retour dans mon quartier.

– Salut, beauté ! Je t'ai laissée dormir un peu. Il était trop tôt pour que tu rentres chez toi.

Bailey agite un magazine sous mon nez et enchaîne :

– Tu savais que Kevin avait une cinquantaine de vieux numéros cornés du *Men's Journal* sur la banquette arrière ? Il est très branché beaux gosses.

Bailey a la voix éraillée, des cernes noirs sous les yeux, et ses vêtements sont couverts de miettes de Pringles.

– On a réussi.

C'est tout ce que j'arrive à dire. J'essaie de sourire, mais les larmes me montent aux yeux.

– Ouais. On a réussi.

Le sourire de Bailey faiblit. Elle renifle et se gratte la nuque en évitant mon regard. Soudain, je me sens mal à l'aise. Dois-je sortir maintenant ? Lui dire au revoir et rentrer chez moi ? Dois-je l'embrasser ? Un simple « merci » me semble tellement dérisoire par rapport à ce qu'elle a fait. J'ai l'impression qu'à l'instant où je sortirai de cette voiture, tout sera fini. Et je n'ai tellement pas envie que ça se termine…

– Euh… Ta maison est dans la rue perpendiculaire, lâche-t-elle avec brusquerie. Je ne voulais pas que tes parents…

– Repèrent le monospace. Bien vu. Merci.

– Ouais. Ce serait dommage de tout gâcher maintenant.

Le silence retombe. Bailey récupère une miette de Pringles sur sa jambe.

– On va dormir pendant un mois, dis-je.

Mes paroles me semblent fades, sans consistance.

– Pas moi, objecte Bailey en me montrant une canette de Red Bull vide. J'en ai sifflé une douzaine cette nuit. Je suis tellement à cran que je sens pousser les poils de mes bras.

On se force à rire de sa vanne nulle.

– Ah, au fait ! J'ai récupéré ça pendant que tu dormais, reprend-elle. On en a une chacune…

Elle me tend une carte postale « Bonjour du Missouri », où l'on voit l'éléphant rose géant et la vache noir et blanc se dresser majestueusement au milieu d'un champ d'herbes folles.

– Oui, je sais, c'est un peu plat, admet-elle. Ils auraient pu trouver un jeu de mots.

– Bonjour du Meuh-ssouri ?

– C'est Éléphant-astique, ajoute Bailey avec un petit rire bref.

Je range la carte dans mon sac à dos en clignant des paupières pour retenir mes larmes.

– Merci. C'est un chouette moyen de se souvenir de…

Je m'interromps avant de dire « nous ». Ça me semble un peu trop définitif.

– … de notre week-end.

– Ouais. Cool ! répond-elle en décollant un reste de bonbon écrasé sur le tableau de bord. Bon, je vais y aller…

– OK.

Je me lève, j'attrape mon sac à dos, je sors de la voiture et je claque la portière. Le bruit résonne dans tout mon corps. On dirait… un point final. Je pars la première ou j'attends que Bailey démarre ? Mes pieds refusent d'avancer et Bailey reste assise dans le monospace, la main sur la clé de contact, immobile.

J'attends. Il faut que l'une de nous se décide. Je ne peux pas rester là indéfiniment. Ça ne changera rien. Je me retourne et je m'éloigne sur le trottoir. Bailey n'a toujours pas démarré. Arrivée au coin de la rue, je continue sans me retourner.

J'entends des oiseaux. Une télé.

Je poursuis mon chemin. J'aperçois ma maison, qui n'a pas changé depuis deux jours. Le même toboggan défraîchi dans le jardin, l'herbe sèche, le drapeau américain. Quand j'aurai franchi cette porte, tout sera fini.

Sauf que ça l'est déjà. Bailey ne va pas apparaître au coin de la rue, ouvrir la portière à la volée et me crier de grimper dans la voiture. On ne partira pas en direction du soleil couchant pour une autre folle aventure. Ça gâcherait tout, et ce n'est pas ce que je veux. J'ai déjà fait mon choix. Je vais entrer, dire bonjour à mes parents et retrouver la vie que j'ai tenté de préserver en faisant trois mille kilomètres en voiture.

J'ouvre le portillon.

Je monte les marches du porche.

Le monospace n'a toujours pas démarré.

Bailey n'a pas l'intention de débouler dans ma rue sur les chapeaux de roues pour me cueillir au passage.

C'est vraiment fini.

J'ouvre la porte et j'entre.

Une délicieuse odeur d'ail et d'origan me chatouille les narines. Ma mère prépare sa sauce spaghetti maison, qui doit mijoter toute la journée. Mon plat préféré. Je tire la porte derrière moi.

– Ronnie ? C'est toi ?

– Oui. Je suis rentrée.

J'essaie d'avoir l'air décontracté, un peu fatigué. Normal. Mais ça sonne totalement faux. Rien qu'en entendant ma voix, elle va deviner que je mens. Que je lui cache quelque chose. Les mères ont un flair infaillible pour ça.

– Va défaire ta valise. Et ne jette pas tout par terre en pensant que je vais ranger ton bazar. Je veux voir les vêtements sales dans la buanderie, tes affaires de toilette dans la salle de bains et ce qui est propre dans ta commode. Compris ?

– Euh, ouais.

Je monte en courant l'escalier qui mène à ma chambre, soulagée, mais confuse.

– Ronnie !

Aïe.

– Ouais ?

– Prends une douche. Tu sens toujours la vase quand tu rentres du lac avec les filles.

Dans la salle de bains, je me déshabille et je laisse mes vêtements tachés de granité en tas sur le sol. Puis je retire la culotte géante en maille et la serviette hygiénique XXL qu'ils m'ont données à la clinique. J'en fais une boule que j'enveloppe de plusieurs couches de papier toilette. Je m'apprête à les cacher au fond de la poubelle, quand on frappe à la porte. Elle s'entrouvre. Le petit paquet m'échappe des mains, effleure le bout de mes doigts et flotte un instant dans les airs. Je le rattrape *in extremis* et je le cache dans mon dos. Pourtant, ma voix reste calme.

– Quoi ?

– Donne-moi tes affaires, dit ma mère. Je veux les laver séparément.

De ma main libre, je lui passe les vêtements dans l'embrasure de la porte. Elle les renifle et plisse le nez.

– Beurk ! Mais qu'est-ce que vous fabriquez là-bas ? demande-t-elle en repartant.

Après son départ, j'enfonce le ballot compromettant sous les couches de déchets. J'ajoute plusieurs couches de papier toilette par-dessus, jusqu'à ce qu'il ait complètement disparu.

Dix minutes plus tard, je suis encore sous la douche. J'ai utilisé une demi-bouteille de gel douche pour tenter de me débarrasser de la crasse du week-end. Je me suis lavé les cheveux deux fois. J'ai la peau toute rose, parfumée au concombre et au melon.

Je m'essuie et j'enfile des vêtements propres, un peu raides, qui sentent bon la lessive. Dans mon tee-shirt et mon short préférés, j'ai l'impression d'être déguisée. Je me sèche les cheveux jusqu'à ce qu'ils tombent en vagues brillantes autour de mon visage. Je forme quelques boucles avec mon lisseur, puis je me maquille un peu plus que d'habitude, en appliquant de l'eye-liner et en étoffant mes sourcils. Je termine par une touche de blush rose sur mes joues, un rouge à lèvres couleur cerise, et je me regarde dans le miroir. Je suis exactement comme avant.

Veronica Clarke.

Élève modèle.

Bientôt major de sa promotion.

Et pourtant, je ne me reconnais pas.

Je reste cachée dans ma chambre : je déballe mes affaires, je classe ce qu'il reste de mes notes, mais je ne tarde pas à être désœuvrée. Mes parents m'attendent. Je dois descendre.

Mon père est assis dans la cuisine à sa place habituelle. Il sirote une bière en attendant que ma mère apporte le dîner à table.

– Alors, Ronnie ? Prête pour tes examens ?

– Ouaip.

Je m'assieds en face de lui. J'ai la sensation d'avoir la langue trop lourde pour parler. Pourtant, j'ai inventé plein d'anecdotes amusantes : une chute dans le lac, une orgie de bonbons, un aperçu de tous les films qu'on a regardés. J'attends…

– C'est bien, marmonne-t-il en ramassant son roman policier. On est fiers de toi, ma chérie.

Et c'est tout. Le dîner ressemble à n'importe quel autre. Mon frère raconte ses matches de baseball dans le détail. Ma mère nous ressert. Mon père fait du bruit au moment opportun pour faire croire qu'il participe à la conversation. Ils ne prennent même pas la peine de m'interroger sur mon week-end. Ça ne les intéresse pas. Je suis la fille modèle qui ne leur réserve jamais aucune surprise. Je devrais sûrement m'en réjouir, mais ça me met en colère. S'ils prenaient la peine de me regarder, ils verraient que j'ai changé.

– J'ai rompu avec Kevin.

Ma mère abandonne sa vaisselle et se compose une expression soucieuse et compatissante.

– Oh, ma chérie ! Je suis désolée. Ça va ?

– Ouais. Très bien.

Je hausse les épaules. Je regrette déjà d'en avoir parlé.

– Il était temps, dit mon père en reniflant.

– Dave ! le réprimande-t-elle.

– Quoi ? Je n'ai jamais aimé ce garçon.

Il se tourne vers le réfrigérateur.

– On a de la glace pour le dessert ?

– Dave, ta fille vient de rompre avec son petit ami, avec qui elle sortait depuis trois ans. Tu peux lui montrer un peu de compassion, s'il te plaît ?

Papa soupire et s'exécute :

– Bien. Je suis désolé que tu aies rompu avec le garçon qui n'était pas assez bien pour toi. Je suis sûr qu'à la fac, tu en trouveras un autre qui ne sera pas non plus assez bien pour toi.

Je ne suis pas dupe, le « pas assez bien pour moi » n'a de sens que si je ne suis pas enceinte. Si je l'étais, Kevin deviendrait comme par enchantement un mari tout à fait acceptable aux yeux de mon père. Après tout, personne n'aime Pete, et il fait toujours partie de la famille.

– Ce n'est pas ce que je voulais dire, siffle ma mère.

Elle se tourne vers moi.

– Que s'est-il passé ? me demande-t-elle d'une voix douce, comme si elle se souciait vraiment de mes sentiments.

« Il a fait des trous dans un préservatif. Je suis tombée enceinte et je me suis fait avorter. »

Soudain, j'ai envie de tout leur déballer. Parviendraient-ils à concilier cette nouvelle information avec l'image qu'ils ont de moi, ou cela la réduirait-il en miettes ? Je n'ai qu'à prononcer les mots pour le savoir.

– Rien de spécial. On n'était pas d'accord au sujet de la fac. On va rester amis.

– Je suis vraiment désolée. Dis-moi si tu as besoin d'en parler, me propose ma mère, mais elle pense déjà à la vaisselle sale qui l'attend dans l'évier et à l'émission de télé-réalité qu'elle va regarder ensuite.

Mon père rejoint le salon en grommelant et mon frère court à l'étage retrouver ses jeux vidéo. Je reste seule à table, en proie à un sentiment de culpabilité que j'ai du mal à identifier. Celle que j'éprouve pour avoir menti à mes parents ne me cause rien de plus qu'un petit pincement familier. Il y a une autre raison. J'essaie de chasser ce sentiment et de voir le bon côté des choses : personne ne se doute de rien. Même dans mes rêves les plus fous, je n'aurais pas pu espérer un dénouement aussi parfait.

Malgré mes efforts, la culpabilité revient. Son poids me plaque sur ma chaise.

– Ronnie… ? commence ma mère.

– Ouais ?

– Si tu n'as rien à faire, je veux bien de l'aide pour la vaisselle.

Je me défile en prétextant que mes révisions m'attendent et je fonce dans ma chambre. Allongée sur mon lit, j'imagine que la tache d'eau au plafond est la Voie lactée et je sens le poids de la culpabilité m'enfoncer dans le matelas.

*

* *

– Tiens ! La célibataire !

Emily se précipite vers moi, suivie par Kaylee et Jocelyn. Je dissimule mes manuels en lambeaux dans mon casier et je claque la porte. Je n'ai quasiment pas fermé l'œil la nuit dernière, tellement j'étais stressée à l'idée de nos retrouvailles. Cacher la vérité à mes parents était facile. Je leur ai montré ce qu'ils s'attendaient à voir, et c'est passé comme une lettre à la poste. Mais mes amies me connaissent trop bien. Je vais avoir beaucoup plus de mal à ne pas trahir mon secret.

– Salut !

Les filles m'entourent et se lancent dans une véritable cacophonie :

– Oh mon Dieu ! Ma pauvre chérie ! Il faut que tu nous racontes tout. On n'a rien compris à tes messages.

– Est-ce que Kevin a pleuré ?

– Et toi, tu as pleuré ?

– Vous avez couché ensemble une dernière fois ?

– Qu'est-ce que tu vas faire, maintenant ?

– Euh… finir le lycée.

Les filles me regardent d'un air ahuri.

– Mais… tout le monde sait que vous avez rompu, me signale Kaylee. C'est le scoop du jour.

À mon tour d'avoir l'air surpris. Je m'applique à prendre une voix neutre pour demander :

– Ah bon ? Et qu'est-ce qu'ils disent ?

– La même chose que toi. Que ça vous posait un problème de ne pas être ensemble à la fac, et que vous avez préféré rompre maintenant, plutôt qu'à la fin de l'été. Il paraît que Kevin est arrivé en retard ce matin, et qu'il avait l'air hyper triste.

« Il devait surtout avoir l'air très fatigué », me dis-je. Enfin, au moins, il tient sa langue. Je me demande si Bailey lui a déjà rendu sa voiture.

– En tout cas, tout le monde en parle, répète Jocelyn, comme si je ne l'avais pas entendue la première fois.

Je hausse les épaules.

– D'accord. Merci de m'avoir prévenue. C'est l'heure d'aller en cours, non ?

Les filles ont l'air déçues, mais surtout perplexes. Je comprends soudain ce qui les chiffonne. Je ne suis pas moi-même. Si j'avais rompu avec mon petit ami une semaine plus tôt, j'aurais été dévastée. Emily me lance un regard soupçonneux. Ce n'est pas par hasard qu'elle n'a qu'un demi-point de retard sur moi dans le classement. J'affiche un sourire malheureux.

– Désolée, les filles. Je suis un peu à côté de la plaque. C'est juste que ça fait beaucoup de choses à digérer. J'ai trop besoin de vous !

Ma performance me vaut une série de « oooh » compatissants, et je croule sous les câlins. Je rejoins la salle d'appel entourée de mes amies qui m'aiment et me soutiennent, et je m'interdis de me retourner quand, du coin de l'œil, je crois apercevoir une mèche de cheveux turquoise.

Le proviseur nous fait son habituel discours de bienvenue et lance la cérémonie des honneurs. Je suis officiellement major de ma promo. Je sonde mes émotions quand mes camarades viennent me féliciter, mais je n'éprouve rien de plus qu'une morne satisfaction.

J'aperçois Kevin pour la première fois en sortant du cours de maths. Il frappe dans les mains de ses copains de l'équipe de foot en riant. Je me rappelle soudain combien j'aimais sa popularité. Son statut. L'attention qu'il attirait sur moi. Je ne comprenais pas que quelqu'un qui possédait déjà tout cela puisse avoir tellement besoin de moi. Je pensais que c'était de l'amour. Maintenant, je sais que j'avais tort.

Il me fait un petit signe de tête et articule en silence :

– Félicitations !

Je me force à le remercier. Aux dires de Kaylee, cet échange minuscule alimente les ragots pendant les deux heures qui suivent.

En cours de physique, j'éprouve un besoin soudain de respirer. Je me réfugie dans les toilettes et je fixe le carrelage en me demandant combien il reste de minutes jusqu'à la fin de la journée. Ce n'est pas juste. J'ai tout fait pour m'en sortir et j'ai réussi. Je suis redevenue l'ancienne Veronica Clarke, une élève brillante, relativement populaire, et même major de sa promo. Alors, pourquoi ai-je envie de hurler quand on me félicite, ou quand on m'adresse un sourire de sympathie ? D'où vient cette culpabilité qui ne me lâche pas ?

Je remarque soudain le graffiti sur le mur du cabinet. Je suis assise au même endroit que l'autre jour. Là où tout a commencé…

Quand la porte des toilettes s'ouvre, je me fige et je tends l'oreille, le cœur battant. Un *clomp clomp* de bottes familier retentit sur le lino. Bailey ! Je sors en trombe. En claquant contre le mur, la porte du cabinet fait sursauter la fille qui se tient devant le lavabo. Ce n'est pas Bailey. Juste une terminale que j'ai déjà croisée en cours d'art plastique. C'est à peine si je l'entends me lancer un : « Félicitations ! » enjoué, avant de quitter les toilettes en courant.

À l'heure du déjeuner, je me fraye un chemin dans la foule pour rejoindre mes amies à notre table habituelle. Je me prépare à trente minutes de bavardages insignifiants, à les entendre s'inquiéter inutilement pour moi et pour nos examens. Franchement, je ne vois pas comment on pourrait échouer. Comment ai-je seulement pu m'en soucier ? Quand je pense à toute l'énergie qu'on a gaspillée pour ça, je nous trouve ridicules. Même si l'impensable se produisait, et qu'on décrochait un 13 sur 20, ou même – horreur ! – un 12, nous serions quand même acceptées dans nos universités respectives, et la vie suivrait son cours. Pourtant, je vais devoir en parler pendant tout le repas, parce que c'est ce que ferait Veronica Clarke.

Après avoir contourné un groupe de troisièmes qui me regardent avec déférence, je découvre Kevin à notre table, en pleine conversation avec mes amies. Emily a une main sur son bras, et elle le regarde avec un mélange de compassion et d'envie.

J'ai dû faire du bruit, car ils se retournent tous en même temps. Emily rougit et retire sa main comme si elle s'était brûlée. Kaylee a l'air coupable et Jocelyn réprime un rire nerveux.

– R-Ronnie, bégaie Emily. Ce n'est pas ce que tu penses !

– Kevin est vraiment bouleversé, ajoute Jocelyn.

– Il est venu prendre de tes nouvelles, complète Kaylee.

– J'avais juste besoin de ketchup, marmonne l'intéressé.

Ils m'observent avec attention, comme s'ils s'attendaient à me voir exploser. Ils peuvent toujours attendre. C'est tellement petit, tout ça. Tellement futile. Banal. Les filles croient-elles vraiment que je vais péter un plomb parce qu'elles flirtent avec mon ex ? Un mec qu'elles n'ont cessé de convoiter sur le mode de la plaisanterie depuis trois ans ?

Oui, sans doute. Car, si Veronica Clarke était confrontée à la trahison de ses meilleures amies, elle leur ferait une scène. Elle serait blessée. Il y aurait des larmes. De longues et profondes explications, avant un éventuel pardon.

Mais je ne suis plus Veronica Clarke.

Peut-être même que je ne l'ai jamais été.

Ma culpabilité disparaît comme par enchantement.

Derrière leur petit groupe, dans un coin reculé de la cafétéria, je vois une silhouette affalée à une table. Des cheveux turquoise en pétard.

Je récupère mon plateau en souriant et je contourne le quatuor. Mes ex-meilleures amies et mon ex-petit ami me suivent du regard, probablement soulagés que j'aie choisi de m'effacer dignement. Quand je m'arrête soudain et me retourne pour revenir vers eux, je me délecte de leurs regards inquiets. Kevin, qui me connaît probablement mieux que les filles, détale sans demander son reste. Il quitte la cafétéria sans même dire au revoir à Emily, qui le regarde partir en ravalant sa déception. J'attends qu'elle reporte son attention sur moi.

J'ai envie de rire. Je me suis donné tellement de mal pour sauver une fille qui n'existe plus. J'ai eu si peur de perdre quelque chose que je ne voulais pas vraiment. J'ai l'impression qu'une lumière nouvelle éclaire la salle.

Chaque détail me paraît plus précis, plus vrai. Même les couleurs sont plus vives. Le cliquetis des couverts sur les assiettes, les rires et les cris des élèves. Et je n'ai plus peur de prononcer à haute voix ces mots qui m'effrayaient tant. Je regarde mes amies dans les yeux. Mon ventre ne palpite pas. Mon pouls n'accélère pas. Mes mains ne tremblent pas. Je prends la parole :

– Écoute, Emily, je me fiche de ce que tu fais avec Kevin…

Elle ouvre la bouche pour protester, mais se tait quand je lève une main.

– Sérieusement, je m'en fiche. On a rompu. C'est fini. Mais il faut que tu saches qu'il a fait des trous dans un préservatif pour me mettre enceinte. Il voulait m'empêcher d'aller à l'université. Ce week-end, Bailey Butler m'a emmenée à Albuquerque en voiture pour que je puisse me faire avorter, parce qu'ici ce n'est pas possible quand on est mineure. Si tu veux coucher avec lui, je te conseille un autre moyen de contraception.

Leur surprise est infiniment satisfaisante. Je pivote sur moi-même et je pars sans me retourner, indifférente à leurs messes basses. Je me dirige vers le fond de la cafétéria, vers la table qui m'attire depuis que je suis entrée.

Bailey dort à côté d'une canette de boisson énergisante renversée. Elle ronfle doucement, la joue à plat sur la table. Le courant d'air de la clim, qui soulève doucement ses cheveux, me rappelle l'air conditionné dans la voiture, sur l'autoroute.

Toujours en mouvement. Toujours libre.

Mon amie.

Quand elle se réveillera, je serai là. Elle fera une blague idiote et lèvera les yeux au ciel, mais elle ne pourra pas s'empêcher de sourire. Et moi non plus.

Je pose mon plateau sur la table et je m'assieds à côté d'elle. Puis je pose la tête sur mes bras et je ferme les yeux.

Mes cheveux s'agitent doucement dans la brise.

Remerciements

Quand vous dites aux gens que vous voulez écrire un livre drôle sur l'avortement, la plupart vous regardent d'un air perplexe et reculent prudemment de quelques pas. Il nous paraît donc très important de remercier tous ceux qui n'ont pas eu cette réaction, et qui nous ont au contraire encouragés.

Merci à Brianne Johnson, notre merveilleuse agente, d'avoir été la première à penser que cette histoire d'amitié comique sur l'avortement, semée d'embûches, était non seulement digne de devenir un livre, mais qu'il était important de la raconter.

Merci à Alyson Day, notre éditrice, pour ses conseils, ses connaissances et son soutien. Vous avez permis aux filles de rester sur la bonne voie et vous les avez fait briller.

Merci à l'équipe de HarperCollins : Erin Fitzsimmons, Alexandra Rakaczki, Jessica White, Manny Blasco, Megan Ilnitzki, Jacquelynn Burke, Ebony LaDelle, et tous les autres, d'avoir consacré leur talent et leur temps à la réussite de cette entreprise.

Merci à Ava Mortier pour sa précieuse contribution.

Merci aussi au reste de l'équipe de Writers House, Cecilia de la Campa et Alessandra Birch, d'avoir fait du périple de Veronica et Bailey un voyage non seulement américain, mais mondial.

Merci à Alexandra Levick, pour son travail acharné et pour avoir été notre amie sur Twitter.

Merci à NARAL Pro-Choice America et à Planned Parenthood pour le travail colossal qu'ils effectuent afin de soutenir le droit des femmes à contrôler leur corps.

Et maintenant, parce que nous sommes deux, quelques remerciements personnels :

Jenni : Warren, merci beaucoup pour ton opinion exagérée sur mes talents d'écrivain. Merci d'être un mari et un partenaire qui s'est volontiers occupé des enfants pour que je puisse retourner au travail. Je t'aime et je n'aurais pas pu faire ça sans toi.

Merci à mes amis, qui ont été mon inspiration. Que l'on se soit rencontrés au lycée, devant l'école maternelle de nos enfants ou à n'importe quel autre moment entre les deux, merci d'être là.

Merci enfin à ma mère qui, quand j'avais seize ans, s'est assise sur le parking de notre église après la messe et m'a expliqué que le prêtre avait tort... Que les lois qui imposent aux mineurs de prévenir leurs parents et d'obtenir leur autorisation avant de pouvoir avorter sont dangereuses. Car, même si elle espérait que je me sentirais libre de parler aux miens, tous les enfants n'ont pas ce privilège. (Papa, je t'aime aussi.)

Ted : Il est possible que j'aie écrit pendant toutes ces années dans l'unique espoir de pouvoir enfin dire ceci à ma merveilleuse femme : tu n'as pas souffert pour rien. Les innombrables histoires prétentieuses, malheureuses, boiteuses que tu as dû lire au fil des ans t'ont servi à cela. Je n'aurais pas pu le faire sans toi, sans ta critique impitoyable ou ton amour sans limites. De plus, te voir donner naissance à nos deux merveilleux enfants m'a clairement montré que personne ne devrait être obligé d'avoir un bébé.

Je veux aussi remercier mes incroyables parents. Ma mère, une prof de littérature qui désespérait de faire lire son fils, a semé les graines de l'écriture en moi, alors qu'elle était persuadée que je ne l'écoutais pas. Quant au manque d'attention chaleureux et « autoproclamé » de mon père, il m'a laissé assez d'espace pour découvrir qui j'étais (ainsi qu'il l'avait prévu).

Les encouragements de mes amis Aaron, James, Tristan, Teresa et de ma sœur-cousine, Kerrie, m'ont suffisamment bercé d'illusions pour m'inciter à persévérer.

Un grand merci également à Chris Mills, le premier qui a pensé que je pourrais gagner de l'argent en écrivant.

Enfin, un grand merci à l'Université Loyola Marymount, sans laquelle je n'aurais jamais rencontré Jenni, que je vais maintenant remercier dans ce texte de Remerciements auquel elle participe.

Comme j'écris ma partie après qu'elle a terminé la sienne, elle ne peut pas revenir en arrière et me remercier aussi. Du coup, c'est moi qui gagne.

N'empêche…

Elle est vraiment géniale. Si jamais vous tombez sur quelqu'un qui a le même sens de l'humour que vous, mais en plus consciencieux. Quelqu'un qui possède un sens inné de la mode, et qui est plus doué que vous, piégez-le pour lui faire écrire un livre avec vous. C'est ce que j'ai fait, et regardez où j'en suis aujourd'hui !

Jenni : Alors, Ted, encore en train de la ramener ? Merci à toi aussi, même si tu racontes n'importe quoi (sauf pour le sens inné de la mode).

Enfin, nous présentons tous les deux nos excuses aux clients de Panera Bread. Nous sommes désolés d'avoir fait autant de blagues sur les fœtus pendant que vous dégustiez vos salades.

Édité par la Librairie Générale Française - LPJ
(58 rue Jean Bleuzen, 92 170 Vanves)

Composition Nord Compo
Achevé d'imprimer en Espagne par Liberdúplex
Dépôt légal 1re publication mars 2023
88-8061-4 / 01 - ISBN : 978-2-01-721362-8
Loi n° 49-956 du 16 juillet 1949 sur les publications destinées à la jeunesse
Dépôt légal : mars 2023